हरसिंगार

हरसिंगार

(कविता-संग्रह)

कवि

डॉ. कुमार अरुणोदय

संपादन

रविराज पटेल

प्रभात
पेपरबैक्स
www.prabhatbooks.com

प्रकाशक

प्रभात पेपरबैक्स

4/19 आसफ अली रोड, नई दिल्ली-110002

फोन : 23289777 • हेल्पलाइन नं. : 7827007777

इ-मेल : prabhatbooks@gmail.com ❖ वेब ठिकाना : www.prabhatbooks.com

संस्करण

प्रथम, 2019

मूल्य

एक सौ पचास रुपए

अ.मा.पु.स. 978-93-5322-169-0

मुद्रक

आर-टेक ऑफसेट प्रिंटर्स, दिल्ली

★

HARSINGAR

poems by Dr. Coomar Arunodaya

& edited by Raviraj Patel

Published by **PRABHAT PAPERBACKS**

4/19 Asaf Ali Road, New Delhi-110002

ISBN 978-93-5322-169-0

₹150.00

बोलते शब्दों की अनुभूति

अनुभव और अनुभूति में वही अन्तर है, जो Sympathy और Empathy में होता है। भाव जब पक जाता है, घनीभूत हो जाता है, उसमें जब प्रखर वेग उत्पन्न होता है तो शब्दों के माध्यम से उसका बहाव होने लगता है। वह छंद की समस्त परिभाषाओं को तोड़ता हुआ "निराला" के भावों की तरह बहने लगता है। "वह आता दो टूक कलेजे को करता पछताता पथ पर आता।" एक भिक्षुक को देखकर निराला स्वयं शब्दों के माध्यम से बहने लगते हैं। कभी वे भिक्षुक को देखते हैं, कभी प्रातः किसी मेघ की बूंदों को देखते हैं। जब बूंद किसी पत्ते पर गिरती हो और वह पत्ता ठीक नीचे खड़ी अपनी प्रेमिका दूसरी पत्ती को झुक कद चूमता है तो एक कविता बन जाती है। निराला के पत्तों पर जब मेघ की बूंदे पड़ती हैं तो बूंद के बहाने वह दूसरी पत्ती को जब स्पर्श करता है, तो वहाँ कवि को प्रेम का सशरीर सान्निध्य अनुभव होने लगता है। ठीक वैसे ही जैसे कालिदास मेघदूत में मेघ को प्रेम का प्रतिमान बनाकर अपनी प्रेमिका के पास अपने प्रेम की गुहार लेकर भेजते हैं। महर्षि वाल्मीकि क्रौंच को घायल होते देख आर्तनाद कर उठते हैं। महादेवी को अनन्त आकाश में अपना प्रेमी आँख मिचौनी करता दिखता है। उनकी भी अभिलाषा है कि अनन्त में जाकर अपने प्रियतम से मिलूँ। इस काव्य में कवयित्री कहती हैं, "देख लूँ, उस पार क्या है?" काश! मैं भी इस अंतरिक्ष के पार जा पाती और यहाँ अरूणोदय कहते हैं –

हम सबों के हिस्से में एक आसमां होता,
हर आसमां में एक मनमाफिक सुराख होता।
जिन सुराखों से हम कभी तो देख पाते,
अपने हिस्से की बची हुई कल्पनायें।

कविता में पहले कालिदास अपनी प्रेमिका के पास संवाद लेकर मेघ को भेजते हैं। फिर निराला "जुही की कली" लिखकर कली को प्रेम करते हुए दिखाते हैं, सुमित्रा नन्दन पंत सरसों के खेत में खड़े होकर अपनी प्रेमिका को पुकारते हैं और सरसों के पीले–पीले फूलों में अपनी प्रेमिका की सुगंध अनुभव करते हैं और कभी कोयल की कूक में अपनी

प्रेमिका का सद्य अनुभव करते हैं और जय शंकर प्रसाद कहते हैं–

"बीती विभावरी जाग री,
अम्बर पनघट में,
डूबो रही तारा घट,
उषा नागरी ।

प्रसाद ने तो "उषा"का मानवीकरण कर दिया है। मुझे लगता है जिस छायावाद को जन्म पंत, प्रसाद, निराला एवं महादेवी ने दिया, उसी परंपरा को आगे बढ़ाते हुए कुमार अरूणोदय ने अपनी कविताओं को धार दिया है। वस्तुतः उनका "अरूणोदय" नाम भी तो छायावाद को ही अभिव्यक्त करता है।

अंग्रेजी के एक रचनाकार ने लिखा था–"Poetry is the Spontanious overflow of powerful emotion" जिस प्रकार निराला की कवितायें निर्बंध और स्वच्छंद होती हैं, उनकी कविताओं में किसी नियम और सीमाओं का बंधन नहीं होता, अनवरत बहने लगती है। मुझे लगता है कि इस काव्य श्रृंखला में कवि अरूणोदय कभी अपने भींगे नयनों से तो कभी सूचिभेद्य निशा में किसी प्रकाश की खोज कर रहे हैं और कभी अन्तर्मन की वेदनाओं का साक्षात्कार करना चाह रहे हैं, अरूप को स्वरूप में देखना चाह रहे हैं। यह जो भाव प्रवणता है, वह कवि हृदय की तरलता है, जो कभी प्रकृति से प्रतिबिंबित भावनाओं को अपनी मुट्ठी में बाँधना चाहता है। यह जो उत्कटता है, वह दिनकर की ओर संकेत करती है कि "हटो व्योम के मेघ पंथ से, स्वर्ग लुटने हम आते हैं।" दिनकर को उन कराहते बच्चों की याद आती है, जो भूख की पीड़ाओं को झेल रहे हैं और इस "काव्य संग्रह" में कवि अपने उन संस्मरणों को याद कर स्वयं शब्दों में व्यथित हो जाता है, –जब वह कहता है –

"कहा था पापा अगले सावन ही आऊँगा,
यहाँ तो नौ भादो भी बीत गये।"

इन पंक्तियों में लगता है कवि का रोम–रोम किसी अज्ञात पीड़ा से कराह उठा है। जैसे 'सूर' की गोपियां अपने कान्हा की प्रतीक्षा करती है और प्रतीक्षा के आंसू उसी की आँखों में सूखकर आँकर–पाथर बन जाते हैं। यह वेदना की अनुभूति की उत्कृष्ट प्रतीकात्मक अभिव्यक्ति है।

इस काव्य रचना के शब्द बोलते हैं, ऐसा मुझे अनुभव हो रहा है।

मनुष्य का हँसना–रोना तो संभव है लेकिन जब कवि के शब्द अभिव्यक्ति के अपने तीखे नख से परंपराओं को चीरता हुआ दिखे तो सोचना चाहिए कि भविष्य ऐसे कवि का इंतजार कर रहा है, जो अनन्त आकाश की शून्यता में हस्ताक्षर करना चाहता है। निश्चय ही वह किसी अज्ञात पुकार की प्रतीक्षा कर रहा है। मैं इनमें कभी T.S.Eliot के अभिव्यक्त भावों का स्पर्श करता हूँ तो कभी "Kits" की कविताओं की स्फूर्णा का अनुभव करता हूँ। लगता है कवि कभी कालिदास के निकट खड़ा होकर अपनी प्रेमिका के पास सतरंगी छाया के माध्यम से संदेश भेजना चाह रहा है तो कभी दिनकर की तरह कहता है –

''मेरी भी थी चाह विलासिन,
सुन्दरता को शीश झुकाऊँ''

और कभी दिनकर का काव्य 'परशुराम की प्रतीक्षा' की तरह स्वयं सशस्त्र होकर युग की विविधताओं को चुनौती देता हुआ खड़ा दिखता है।

मैं सहमत हूँ डॉ0 कुमार अरूणोदय की संवेदनाओं से, जब कहते हैं –

बंद आँखों से देखता हूँ मैं,
आड़ी–तिरछी मिचमिचाती नसीबों को,
हाथ की लकीरें तो मिटती और बनती होती हैं
अपने किये कर्मों के अहसासों से
बंद आँखों की लकीरें
जाने क्या कह जाती हैं।

''सूर'' ने भी अपनी बंद आँखों से अपने अन्दर की संवेदनाओं को देखा था और मुझे लगता है, बंद आँखों से संवेदनाओं को वही देख सकता है, जिसके अन्दर निर्माण के अंकुरित बीज छिपे हों। कहते हैं कविताएँ क्रांति बीज होती हैं। जब अंकुरित होती है तो विशाल बट वृक्ष बन जाती है और उसके नीचे भी एक आकाश बन जाता है। श्रीकृष्ण गीता में कहते हैं–''मैं अनन्त आकाश के शून्य में ''शब्द'' हूँ, और शब्द अक्षरों से बनते हैं, जिन्हें हम ''अक्षरं ब्रह्म'' कहते हैं''। इसलिए भाव तभी बीज वपन करता है, जब उसके अनुकूल परिवेश उसे पुकारता है। कवि अरूणोदय ने शायद उसी परिवेश की पुकार पर अपने विचारों का

बीज–वपन कराया है। कवि जब अंतरिक्ष की ओर निहारते हुए उसके रहस्यों को जानने का मन बनाता है तो न जाने अनन्त के कितने दिव्य कण कवि की आँखों में समा जाते हैं, क्योंकि कविताएँ प्रकृति की प्रतिक्रियायें होती हैं। लेकिन जब शून्य आकाश में अंकुर निकलने लगे, तब समझना चाहिए कि किसी विराट सत्य का उद्बोधन होने वाला है।

''हरसिंहार'' महादेव का एक प्रिय फूल है, जो वर्ष में एक बार टहनियों पर आकर अपनी सुगंध बिखेरता है। मुझे लगता है, इन टहनियों पर बैठकर कवि स्वयं अपनी सुगंध से सम्पूर्ण वातावरण को सुगंधित करना चाह रहा है। वह हरसिंगार के बहाने स्वयं महादेव के चरणों तक पहुँचना चाहता है। हजारी प्रसाद द्विवेदी ने ''शीरीष के फूल'' और निराला ने ''जुही की कली'' में जिन भावों को जनमानस तक पहुँचाया था, शायद हरसिंगार का कवि उन्हीं भावों को अभिव्यक्त करना चाहता है। सचमुच काव्य वह नहीं होता, जो परी लोक की कथाओं को कहता हो और वह भी नहीं होता जो अव्यक्त भावों का अपने शब्दों से श्रृंगार करता हो, बल्कि काव्य वह होता है, जो समय सापेक्ष परिवेशों की सत्यता को जीवन से जोड़ता हो। किसी अंग्रेज आलोचक ने कहा था कि Poetry for life sake हो जो जीवन को स्पर्श कर सके। वैसी कविताएँ जो Poetry for Arts Sake हो, वे क्रियात्मक नहीं हो सकतीं। कवि को यह भी स्मरण रखना पड़ता है कि उनकी कविताओं की धारा जीवन के कूल–कगारों से सटकर बहे, तभी जनमानस को छू सकती है। संभवतः आचार्य रामचन्द्र शुक्ल ने इसलिए कहा था कि किसी भी कवि की कविताएं नहीं बोलतीं, उसका कवि बोलता है। सुमित्रानन्दन पंत अपने महाकाव्य ''लोकायतन'' में कहते हैं, कविताओं के पात्र में कवि स्वयं ही अभिव्यक्त होता है। वह स्वयं बोलता है। इसलिए गोस्वामी जी शायद राम कथा अपने लिए लिखते रहे हों लेकिन वे स्वयं उन कथाओं के माध्यम से जन समूह को संबोधित करने लगते हैं, तब उनका काव्य जनमानस का कंठाहार हो जाता है। तुलसी कविता की परिभाषा करते हुए कहते हैं–

''किरति'' भनित भूति भल सोई।
सूर सरि सम सब कर हित होई।।

कविता वही है, जिससे जनमानस का कल्याण हो। क्योंकि

कविता में कवि व्यष्टि नहीं रहता समष्टि बन जाता है। इसी को शास्त्रों में ''सर्व भूत हिते रता'' कहा गया है।

इस काव्य संग्रह में डॉ0 कुमार अरूणोदय ने जिन छोटी–छोटी संवेदनाओं को छुआ है, वह लगता है, प्रत्यक्ष सामने खड़ा हो गया हो। इन संवेदनाओं को और अनुभव करने की आवश्यकता है ताकि उसकी अभिव्यक्ति किसी ठोस धरातल पर हो सके और उस धरातल पर कवि के चिन्तनों के हस्ताक्षर हों। कवि स्वयं सूर्य की तरह ''अरूणोदय'' है। इसलिए ईश्वर से प्रार्थना है कि उनकी अरूणिमा संपूर्ण जगत में फैले और वे अपने विचारों के क्रियात्मक बीज साहित्य की बगिया में बोते रहें। निश्चय ही भविष्य ऐसे आशुकवि की प्रतीक्षा कर रहा है।

आचार्यश्री सुदर्शन जी महाराज

❄ ❄ ❄

हरसिंगार

1

❄❄❄

बन्द आँखों से देखता हूँ मैं,
आड़ी–तिरछी मिचमिचाती नसीबों को,
हाथ की लकीरें तो मिटती और बनती होती हैं,
अपने किये कर्मों के अहसासों से,
बन्द आँखों की लकीरें,
जाने क्या कह जाती हैं,
कहीं उनमें कोई छिपा तो नहीं?
यह भी तो समझूँ मैं,
कि किसी होनी के चित्र ही सही...!
वक़्त गुजरा आँखों से कुछ पढ़ने में,
तवज़्ज़ो भी दिया सामने लिखी इबादत को,
आँखें भी थकीं अज़ान–घण्टियों की चुप्पी से,
पर बन्द आँखों की झिलमिली ने,
सबकुछ साफ सा उधेड़ दिया।
कभी काली–कभी नीली,
लाल भी दहकती है कभी,
पीली झिलमिल मानो,
बयार बने हर जगह!

हथेली की गरमाहट से,
चित्र बनते पुतलियों के,
इंद्रधनुषी रंगों के चितवन सा जड़ा!
आँखें बन्द में सब दीखा,
खुलते ही दूसरे दीखे,
खुद को देखने की ललक,
जन्मान्ध रूप ही सम्भव!

❊❊❊

2

❊ ❊ ❊

"कैलाश-अरुण"

कैलाश भरा हिम से ऊपर,
हिम भीतर-भीतर खौल रहा,
चट्टानों का पिघला लावा,
ब्रह्म अरुण को लील रहा,
कैलाश-वास न दीखे सकल,
हिम अरुणाई में डूब चला,
जब पास अरुण आये तत्पर,
हिम पिघला जीवन मचल उठा,
पिघलन हो लावा तपिश उमस,
स्याह किरण से अरुण चला,
चट्टानों की तपिश लालिमा,
कैलाश-शिखर का हिम अरुण,
ज्यों-ज्यों किरण हिम सकल हुआ,
कैलाश वास परिपूर्ण लगा।

❊ ❊ ❊

3

❋ ❋ ❋

कि तेरे एक पग कहीं तो पहुँचेंगे,
जमाने ने भी तुझसे ख़ता जो की है,
मत रुकना राह में आये, हर बाधा से,
वे पत्थर भी तेरी मंजिल की सीढ़ियाँ बन जायेंगे,

चाहे तो उफान मारता समन्दर हो,
या हो सायं-सायं करता वनों का झुरमुट,
फिर भी रेत के समन्दर से जज़्बा लेते आना,
क्योंकि वे ही तेरे निशाँ को तेरे पीछे सहेजते हैं,

हवा के झोंकों ने मस्त समाँ जो बाँधा है,
उसी सरसराहट में तेरी खुश्बू भी बहकी आयी है,
मेरी नसों को अपनी आगोश में लेती रही है, तेरी खुशबू,
बस एक यही जुस्तजु तो तेरी यादों के साथ मेरी थाती है...

❋ ❋ ❋

4

❄❄❄

वर्षांत पर, मनोभावों की अभिव्यक्ति,
एक सहमा सा डर...!!
ऐ वक्त, जरा ठहर.., जरा सहम,
क्या पता, क्या बचा..,
क्या रहा अधूरा..!
वक्त ने तो दिया था सभी को,
एक सा सहारा।

वक्त–वक्त की चाल है,
बेमिसाल भी बेहाल है..!
अगर कुछ और भी बचा,
तो वक्त ठहर ही जा।
कुछ और भी विध्वंश, अगर कहीं..,
निपट ले, यही जरा।
कल की कौन जाने,
क्या पता, वो किसकी सुने..,
अगर चलो उस पार प्रिये..,
पावन–परिणय सा हो भला!

सुबह की बूँद-बूँद में ओस हो,
हर ओस में एक आस हो।
एक आस सा अहसास हो,
अहसास में तुम प्राण प्रिये..!
नव-वर्ष में तुम प्राण प्रिये,
वक्त को ही साध चलो,
गर वक्त साधन हो चले,
अहसास में सब प्राण प्रीतम।
सब प्राण प्रीतम जहाँ बस चले,
मनोभाव की संसार तुम।
जहाँ संसार ही प्राण प्रिये,
बस यूँ ही बसो, नव-वर्ष तुम।
ताकीद है, यह वर्ष तुम्हें,
छोड़ न जाओ कोई प्राण यहाँ !...
गर गम अगर भी साथ हो
ठहर जा, सहम जा तू वर्ष यही।
जब पाक हो, तेरा जमीर,
फिर कहे बिना आ जाना तुम...,
विश्वास रखो, हम हो न हो ....,
पर प्राण प्रियों की फौज सब,
गर आलिंगन बद्ध हो जाये, सब
फिर भी मौन ही हँसना तुम।
ऐ वक्त, जरा ठहर, जरा सहम !

❄❄❄

5

❊❊❊

तुम गले लगाए क्या बैठे,
हमने तो साफा बिछा दिया।
साफा के गेरुए रंगों को,
तूने ही रक्त से डुबो दिया।
माँ की सिसकी बदली नहीं,
एक और चीत्कार ने आर्तनाद किया।
तुम क्या जानो ममता क्या,
बहनों ने राखी मंगाई है।
एक हृदय के लहू बहा,
दूसरे ने चीत्कार किया।
कलाइयों ने चूड़ीयाँ तोडी,
मस्तक सिन्दूर को वार दिया।
ये मत भूलो कि माता ने,
शावक पैदा कर गिने नहीं।
एक-एक शावक पर नित दिन,
अगणित आशीष न्योछावर है।
सीमा से संदेशा आया,
सपूत ने प्राण त्यागे हैं।
माँ ने दूसरे बेटे को,
वर्दी की नाप दिला दी है।

ये मत भूलो कायर बनना,
हम पूतों पर जँचा नहीं।
तुम एक-एक को सौ-सौ करना,
मातृभूमि को सजा नहीं।
मेहेंदी हाथो में बारूद नहीं,
रक्षा धागा ने पाया है।
हर एक सुहागन माता की,
विजयी भाव से गर्जना है
रक्त लहू हुआ राष्ट्र मान पर,
माँ का शीश बचाना है।
चरणों में तुम्हारे लोट पाये हम,
ऐसा भाग्य बनाना है।
हुँकार हुआ नई पीढ़ी को,
अपना भाग्य बनाना है।
देश सम्प्रभु हो मेरे मन का,
सुखमय जगत बनाना है।
फूल खिले मेरे उपवन में,
सीमा पंथ बिछ जाना है।
मुरझाऊँ अगर कहीं तो,
सैनिको से रौंदा जाऊँ।
कुसुम बेल की फूल लता से,
राष्ट्र को सजवाना है।

❄❄❄

6

❄❄❄

माँ, तुम्हें दीखता क्यों नहीं...?
सब कहते हैं,
माँ जाने के बाद भी जाती नहीं,
गोरैया बन घर के अलने में ही बैठ जाती है.!
हर समय अपने बच्चों को निहार कर,
मुदित हुए होती है.!
कुछ ऊँच-नीच की आहट हुई नहीं, कि
चहचहाहट से सबको जगा देती है.!
बाहर से चुगे कुछ दानों में से,
एकाध दाने आज भी नीचे गिरा देती है.!
तुम्हें दीखता क्यों नहीं, माँ.?
तुम्हारा बसाया कुनबा बिखर चला है,
तुम्हारी बसायी बगिया उजड़ चुकी है,
तुम्हारे लगाए उड़हुल भी कुम्हला चुके,
तुम्हारे बाँधे रिश्ते भी बन्धन खोल चुके.!
देखो न.!
फूलडाली के फूल भी अब चहकते नहीं,
मन्दिरों की आरती भी अब धधकती नहीं,
तुम्हारे कृष्णा का निकेतन भी अब दमकता नहीं,
तुम्हारी सुधि भी अब कोई लेता नहीं.!

फिर भी चुप क्यों हो, माँ.?
रूठता तो अब भी हूँ,
पर कोई मनाता नहीं,
रोता तो आज भी हूँ,
चुप कोई कराता नहीं,
दर्द तो आज भी है,
सहलाने को कोई है भी तो नहीं,
भूख तो आज भी वैसी ही,
कोई निवालों को मुँह में डालता नहीं...!
पोते-बहू चूमते हैं, तुम्हारी तस्वीरों को,
लड़ते हैं मुझसे, खोजते हैं तुम्हें!
तुम्हे नहीं लगता माँ,
जब तक बेटे में जान हो,
माँ की जान जानी नहीं चाहिए.?
रक्त-सिंचित और रक्तांश में बहुत फर्क है, माँ!
अब तनिक समझ गया हूँ।

❋❋❋

7

❄❄❄

माँ,
तुम्हे क्या लगता है?
तुम पूज्या हो?
तुम श्रद्धेया हो?
तुम वन्दनीया हो?
किसने कहा तुम्हें इन उपधियों से,
विभूषित होने को?
एक बड़ी चूक हुई माँ!
तुम इतनी स्वार्थी कैसे हो सकती हो?
जिस माँ ने जना मुझे,
वह पूज्या या श्रद्धेया कैसे हो सकती है?
पूज्या तो मन्दिरो में रहती है न, माँ?
साफ कपड़ों और फूल-अक्षत से मिलते हैं, हम!
तुमसे मिलने में तो कभी सोचा ही नहीं।
पूरे जमाने की गन्दगी लेकर मिलते थे, तुमसे!
कपड़े भी धूल-धूसरित और मन में बहुत कुछ संशय भी, माँ!
तेरी गोद ने सबकुछ स्वीकार किया था, माँ!
जिस माँ से मिलने में कोई नियम-कायदा नहीं,
जब मन, पहुँच कर गोद में लेट गया!
अचानक से घर से मन्दिर कब पहुँची, माँ?

तुम्हारी उम्मीद यह तो नहीं कि,
मैं भी फूल-अक्षत लेकर तेरे पास ?
ना, कभी नहीं माँ...!
यह मुझसे न हो पायेगा, माँ!
तुम्हारी थाली में ही खाऊंगा भी,
अपने हाथों से खिलाऊँगा भी,
जूठन का ध्यान किये बगैर!
कभी टूटता होऊँगा तो,
कैसे नहीं आओगी माँ?
सर में पीड़ा होगी,
तो तेरी तरफ ही तो देखता हूँ, माँ!
जूड़-शीतल में,
तुम्हारे अक्षत-तिल से ही तो,
जीवन बहने का वादा भी करता हूँ, माँ!
तुम्हें हम याद नहीं आते माँ?
बहू और दोनों पोतों ने तुम्हे देखा भी नहीं!
इस सर्दी में दोनों के लिए स्वेटर नहीं,
बनाओगी, माँ?
किसने कहा,
तुम नहीं हो?
हर साँस में हो, हर निवाले में हो, माँ!
ईष्ट-रूप छोड़,
मातृ-रूप ही सही है, माँ!
माँ ईश्वर नहीं होती,
माँ ही होती है, माँ!
ईश्वर भी माँ के बाद ही है, माँ!

देखो न, कल भी तनिक तबियत,
ठीक नहीं थी,
कहाँ रह गयी थी, माँ?
जो हर साँस-हर आस में हो,
वापस पास ही रहो न, माँ!
तुम्हारा अँचरा बड़ी मुद्दत हुए,
उसमें लिपटा नहीं-उसमें छिपा नहीं, माँ!
छोटी सी मेरी चोट पर,
आसमान उठाती थी,
आज टूटता भी हूँ,
दीखता नहीं तुम्हे, माँ...?
तू तो जाकर भी नहीं गयी,
हर पल तो यादों में पास ही,
रहती हो, माँ!
अपना ख्याल रखना,
तेरे पास अभी नहीं हूँ, माँ!
प्रणाम माँ...

❄ ❄ ❄

8

❋❋❋

मूक प्रेम की व्यथा,
तुम क्या जानो, हे मानव!
तू तो कुछ भी कर गुजरता है,
अपने झूठे प्रेम की खातिर!
सारी कायनात उठा लेते हो,
अपने प्रेम के पागलपन में,
जरा यह भी तो सोच, कि, हमारी क्या खता है..?
दिल तो हमारे भी धड़कते हैं,
प्रेम तो हम भी करते हैं,
चुम्बन मेरे हिस्से भी आता है, और
प्रेम-किलोल भी तो हम करते हैं..!
फर्क इतना ही समझ आता है,
तुम मानव जब जी आये, अपनी कर लेते हो,
हमारे बीच या तो दीवार खींच देते हो, या फिर,
गले में जंजीर डाल मौन करवा देते हो..!
जितना तेरे हिस्से का प्रेम बचता हो,
उतना ही दे दे हमें, उसी से जी लेंगे,
अपने प्रेम से मिल लेंगे..!

❋❋❋

9

❄ ❄ ❄

समय कटु हो चला,
तिमिर न भेद पाये तुम।
काल-त्रिकाल सुकाल हुआ,
तटबंध वेग रुका नहीं।
तिमिर मानस प्राकट्य हुआ,
प्रकांड-प्रभात जिजीविषा।
श्लाघ्य कदम उद्वेल सा,
अगणित कदम माँ भारती।
जीव-प्राण तुम प्राण-प्रीतम,
मंद-सुमंद प्रबुद्धतम्।
किरण उबाल ले चुका,
लालिमा प्रतीत पंथ।
मन-प्रीत सा धवल-धरा,
आशीष दे माँ भारती।
राष्ट्र प्रबुद्ध संचाल से,
वागेश्वरी कृतार्थ हुई।
मानस उद्वेल निष्कपट,
संस्कृति-समृद्धि-संस्कार तुम।
काल-सुकाल श्लाघ्य हो,
त्रिकाल-पट धनुष-धवला।

माँ तुम अमर्त्य हो,
प्राण-प्रिय की साँस तुम।
तिमिर-भेद उद्‌बोध हुआ,
सूर्य किरण की मिठास तुम।
जीव-प्राण की आस ने,
जनम दिया, एक पाश को।
जिन पाश संग हम जी न सके,
उस जनम से ही प्रीत-भाव किया।

प्रीत-भाव की प्रीत ही न समझ सके,
तिन मन को ही विश्वास दिया।
जब विश्वास ही नियति बनी,
नियत ने ही विश्वास किया।
राष्ट्र सु-बेला नियत हो,
बेला ने पी को अंगीकार किया।
देश-धर्म की जिजीविषा,
राष्ट्र-धर्म को अपनाने दो।
जी से जीवन पूर्ण हुए,
जी कर तो जीवन गाने दो।

❄❄❄

10

❄ ❄ ❄

ख्वाहिशें.., अधूरी सी...!!
तुमने देखा तो सही,
भले ही कशिश के बिना।
गर कशिश न दिखी,
तो पैगाम कहाँ से लाऊँ.?
एक चुन्नट सी उड़ी तुम्हारे बदन से,
लगा, पहाड़ों ने मुकां पा लिया है।

गर झीलों ने रोका है, पानी अपना..,
बस तेरे आँखों की जुस्तजु हो चली है।
कुछ कह न सके लबों से अपनी,
मुस्कानों ने ओठों को दबाया है।
कमनीय को देख न सके हम,
तराश की बलिहारी है।

मैले हुए जाते हैं, मेरे अरमाँ,
साँसों ने करीब से गरमाहट को सुना है।
गर काफिर भी बन सके हम,
मंजिलें भी अफजाई हैं।

शौक ए मोहब्बत भी रंग गया हमें,
किसी रंगरेज ने पकिया लगाई है।
तेरी काया जिस्म से फना हो सके,
ऐसी फितरतों ने कयामत लायी है।

तेरे बोल भी उड़े फिज़ा में,
इश्क ने भी मतलबों की कसमें खायी है।
बस, ये जुस्तजु भी लेते जाओ,
किसी कायनात को देख,
किसी दीवाने की हम-सफरी का,
ईशतक़बाल सहेज लेना।
न जाने किस मुकां.., किस मंजिल..,
कोई बे-गैर बैठा हो..!

❄❄❄

11

❄❄❄

तुम एक थे, मैं भी एक ही थी।
इस बात को समझो...
जब तक तुम मेरे साथ थे
मेरे आगोश में थे, मेरे हमसफ़र थे....
तुम अक्षुण्ण थे।
न जाने किस बात ने तुम्हें भ्रमित किया,
देख लिया, अपना हाल?
तुम एक होने से अब असंख्य हो गए,
तुम्हारा कोई वजूद ही नहीं बचा।
हवा की हर आँधी तुम्हें तितर-बितर कर देती है।
पानी का हर बहाव तुम्हें
अपने साथ ले चलने को तत्पर होता है,
भले ही रास्ते में ही तुम्हें छोड़ किसी और के साथ
पुनः पानी में लौट जाता है।
तुम वहीं के वहीं....
न तुम्हारा अस्तित्व यहाँ बचा,
न ही तुम कहीं और के हो पाये।
हर कोई तुम्हें पैरों से रौंदता हुआ आगे बढ़ता है,

वह भी तुम्हारे सीने पर अपने पैरों के निशाँ छोड़ता हुआ।
तुम्हारी एक भूल ने तुम्हें शिला से रेत बना दिया।
मुझे ही देखो,
तुम्हारी बेवफाई ने मुझे तोड़ा तो बहुत,
पर रेत नहीं बनी मैं।
रोई बहुत, सिसकियों से दामन भींग गया,
पर अपने आपको टूटने नहीं दिया।
जिस कलेजे में तुम्हारे प्रेम की नदी बहती थी,
उसी को मजबूत किया और देखो,
तुम्हारी बेवफाई पर, तुम्हारे ही सीने पर बैठी हूँ।
कोई मुझे पैरों से रौंदता नहीं, बच के चलते हैं।
जो कलेजा तुम्हें देखते ही पिघल जाता था,
तुम्हारे आगोश में आने को दौड़ पड़ता था,
आज उसी कलेजे ने तुम्हारे सीने पर बैठ कर
अपनी मजबूती दिखाई है।
दीखती भले ही कोमल हूँ,
पर जब अपने पर आ जाऊँ,
तो पत्थर भी कमजोर हो जाते हैं।
एक बात देखा,
इतनी गलत हरकतों और तुम्हारी धोखा वाली बातों के बाद भी,
मैं बदली नहीं।
मेरा आकार, विचार अक्षुण्ण है।
बाहर से कठोर हूँ,
पर आज भी प्रेम की हल्की सी आँच में भी पिघल जाती हूँ।

❄❄❄

12

❄ ❄ ❄

एक छटाँक पास तो आओ, तौल में अभी भी दूरी है,
एक पसेरी हँसी भी लेते आना, घर की रसोई में भरनी है.!
जरा बेताब हो पास आना,
आने की बेचैनी सुकूँ देती है,
पास आते तेरे गिरने की खबर भी,
किसी कोने को अधीर करती है...!
मन भर इकट्ठे हुए पड़े हैं,
क्रोध–व्यसन और नफरत की चिलमन–
जरा आना तो, तनिक मदद करना,
घर से कहीं दूर फेंक आऊँ इन्हें.!
जरा आना तो ले जाना मेरा,
मन में बिछी चादर भी,
माटी की सौंधी महक में,
गहरी नींद चाहता हूँ मैं..!
एक निवाला रख छोड़ा है, किसी दूसरे के कौर को,
आना तो एक और छोड़ जाना, तेरी आस में मेरे ही ठौर को.!
किलो भर धूप और ग्राम भर हवा, उधर ही छोड़ आना,
साँसें भी इधर रस्ता ताके हैं, तेरे आने की ग़र मिजाजी की..!

❄ ❄ ❄

13

❋❋❋

उमड़त घुमड़त लरजत बरसत,
मद मदान्ध आ पड़ी रे, बरसिया,
टपकत टिपटिप, बहत पवन संग,
नव तरुपल्लव-जीये ही चंदनियाँ,
हर पल, हर क्षण चमके बिजुरिया,
यौवन गीत चढ़ी रे अटरिया,
कृष तरु बेल लिपटत अरु टहनी,
धरा के चुम्बन चढ़ी असमनीया,
मन चकोर बहक जाये रे पलपल-,
कटि उमंग उड़ी-उड़ी रे दुअरिया..!
चिहुँक-चिहुँक भोर काग बोले-,
अईहन पिया आज हमरी अँचरिया।
मन पिपास, तन तड़पत सावन,
उड़ेल दे पिया सारी जमुनिया।
तृप्त भये मन मानद सागर,
पिया के लगूँ सखि, मोही गलबहियाँ।

❋❋❋

14

❋❋❋

काश,
हम सबों के हिस्से में एक आसमाँ होता,
हर आसमाँ में एक मनमाफ़िक सुराख़ होता,
जिन सूराखों से हम कभी तो देख पाते,
अपने हिस्से की बची हुई कल्पनायें।
पगडंडियों को समेटते भी आते,
अपने कृष-जुनूँ को सहेजते भी आते,
कुछ तो रख छोड़ा था इन रंगीन छतरियों ने,
वरना सर के ऊपर का आसमाँ भी आज बहा होता
जीवन की खुशनुमा शामें
इन छतरियों के साये में गुजरने दे,
वरना आसमाँ भी अपने सुराख़ से रोता नज़र आएगा।
गर आँसू जो छलके इन छतरियों के रहगुजर,
यकीं रखना, बारिश भी नजले सा बहक जायेगा।

❋❋❋

15

❄❄❄

इस कदर समा जाती हो,
मुझे आहट भी नहीं होती,
तेरे आवरण का चुम्बित अहसास सा,
रगों को कुछ सहमा सा देता है,
तेरी धुरी भी तो मेरे पास ही,
न जाने क्यों, मैं कहाँ रहता हूँ...?
गीली लकड़ी की टूटी बेंच,
पीछे पत्ते भी ठिठोली करते हुए,
कुछ पत्तों ने तो घुसपैठ भी कर ली,
कुछ ने तो रंग भी बदल डाले,
कुछ तो सूख कर गिर पड़ी,
और देखो, हम अलग-विलग होकर भी,
समाये हुए से..!

❄❄❄

16

❋ ❋ ❋

चुनर बासन्ती बदन भ्रमित मोरा,
लहक-लहक मोर जीया तन बरसे;
उड़ी-उड़ी नभ में मन-तरु-पल्लव,
उर बंध - कटि बंध भींगही पनारे..!
लरसत घाघरा के बूटी हे पिया मोरे,
तोरे बिन सूना ही पायलिया बजारे;
ज्यों-ज्यों निकट ही आवत हे दिनिया,
मन-चकोर बहक जाये रे पिरितिया..!
बेसुध मनवा, मतंग अरु बदन मोरा,
हर रस भींगे जीया के करेजवा;
चहुँ ओर जय-जय नाचहीं-गावहीं,
पिया तोरे नाम के लिखहुँ पतरियाँ..!

❋ ❋ ❋

17

❄❄❄

माँ...! पता नहीं तुम कभी थी भी या नहीं..!
जबसे समझना शुरू किया,
सबने समझा दिया कि, तू ही मेरी माँ है..!
तुम्हारे हर स्पर्श ने जीया है, मुझे.,
तू भी तो जी लेती थी, मेरी हर मुस्कान पर..!
कैसे समझूँ कि, स्पर्श और मुस्कान के,
रिश्ते को ही माँ कहते हैं!
इतनी समझ तो आज भी नहीं मुझे..,
तभी तो माँ की ही खोज किये चलता हूँ।
हर नुक्कड़ पर माँ मिली,
माँ की ममता मिली,
माँ का स्पर्श और मुस्कान भी मिली..,
पर अहसास हुआ, वो माँ सी थी।
तू तो नहीं मिली न?
तुम्हारे वजूद को कैसे समझूँ,
हर निशानी पर कालिख पूता पाया है।
गर तू होती अगर,
निशानियाँ भी रंगरेज सी रंगी होतीं.,
जीवन के कुसुम-बेल की तरह।

तुम्हारे हाथों की घिसी हुई लकीरों ने,
बिन कहे बता दिया था..,
जड़ों में कितनी शिद्दत से पानी डाला था तुमने।
जड़े मजबूत, तो ईमारत भी मजबूत..,
सुना था, देख नहीं पा रहा हूँ।
तुम होती, तो ऐसा होता,
तुम होती तो वैसा होता..!
ये पुरानी बात, फिल्मों की बात.!
आज तो,
तुम होती तो ऐसा नहीं होता,
तुम होती तो वैसा नहीं होता।
तुम्हारा ही रक्त है, मुझमें,
रुलाऊँगा नहीं तुम्हें,
आकर हँसाऊँगा..!!

❄ ❄ ❄

18

❄ ❄ ❄

वेदना की अगणित किरणें,
साँझ ढले इस सूने घर में,
हर कोने को दमकाती हुई,
हर दीये को बुझाती हुई।
दिए से जगमग घर मेरा सारा,
नन्हीं किलकारी को ढूँढ़ता मन मारा,
फिर से किरणों की स्याह छाया ने,
लगा ढँक दिया जीवन हमारा।
रोशनी को खोजती खिड़कियाँ हमारी,
थोड़ी सी उधार की रोशनी रोशनदान से,
बड़े कुनबे में बंटे भी कैसे..,
थोड़ी सी हम या थोड़ी सी उनकी दे दे..?
माँ ने कच्चे घर में,
एक अलना बनाया था,
साँझ ढलते ही एक टिमटिमाता सा,
दीया रखा जाता था।
बड़ी रोशनी थी, बड़ी बरक्कत थी,

घर में शान्ति थी, समृद्धि थी।
अब तो बड़ा वाला बल्ब भी है,
स्याह पसरा होता है,
उस बल्ब के गहरे उजियारे में।
पहले स्याह रोशनी में हम उजियार थे,
अब उजियार रोशनी में,
हम क्या, सारे रिश्ते भी स्याह हो चले।
मिट्टी के चूल्हे पर, कच्ची रोटियाँ नहीं सिकती अब,
स्टोव-बर्नर ने ममता को ही सेंक दिया।
माँ के हाथों में छाले नहीं पड़ते अब,
रिश्तों की चिमटियों ने खाने का स्वाद ही बिगाड़ दिया।
अब क्या जीवन खोजें, रिश्तों में,
रिश्तों ने जीव को ही बिसार दिया।
याद आती है, माँ की घुड़की.,
नही रहूँगी तो समझ आएगा, तुम्हें।
हाँ माँ, अब सब समझता हूँ,
फिर भी नासमझ बन, दूसरों के साये से डरता हूँ।

❄ ❄ ❄

19

वही तोड़ती पत्थर...!

सूखी लकड़ियाँ नहीं,
ये जिम्मेदारियाँ हैं,
जिसे मैंने तुझसे खुद ही ओढा है,
जब तू भूल गया था कि,
माँ भी भूखी होगी,
उन्हीं पलों में मैंने तुम्हारे लिए भी,
चूल्हे में लकड़ियाँ जलायी थीं,
आज भी दुबली, हाड़ से सटी बाँहों में,
इतनी ताकत तो है कि,
अपने से जन्मी आत्मा को भूखी नहीं छोड़ सकती,
तुझे ही क्यों, तेरे कुनबे को भी पाल सकती हूँ,
बस इतना करना कि,
जब मुझे इन्हीं सूखी लकड़ियों की जरूरत हो,
मेरे चूल्हे की आँच की तरह मुझे भी जला देना,
ध्यान रखना कि, मुझे आग देने में,
तुम्हारा हाथ नहीं जले,
नहीं तो दूसरे भी अपनी बूढ़ी माँ के चूल्हे से,
निवाला तो खाएंगे,पर,
आग देते वक्त,
हाथ जल जाने का बहाना भी बनाएंगे...

❄ ❄ ❄

20

❄❄❄

तू भी अकेली,
मैं भी अकेला।
तुम्हें क्या लगा था कि,
आज भी तुझे बच्चे यूँ ही खोजेंगे..?
तेरे पीछे-पीछे यूँ ही दौड़ेंगे..?
तू भी इठलाती-बलखाती,
खेतों में,
मेड़ों पर,
झाड़ियों के झुरमुट में,
फूस की फुनगी पर,
ढेकी के ढकनों पर,
हुक्के के चिलम और कजरे के डिब्बी पर,
मटकेगी और शहरी बच्चे तेरे पीछे ही दौड़ेंगे..?
अरे, गँवईं बच्चे भी तेरे पीछे नहीं दौड़ते अब।
तू इतना भी नहीं समझती,
तूने खुद को उजियार किया हुआ है,
इसी में खुश क्यूँ नहीं रहती.?
खुद को जला कर,
अपनी तपिश से उजियार कर के,
किन राहों को बताना चाहती है.?

उन राहों पर न तो राही रहे, न ही पथिक।
न ही बच्चों में वे शरारतें रहीं,
न ही अधनंगे भागने की जुगत।
अब तो तू भी शहरी हो गयी,
दीखती भी नहीं, मेरे सुने झोपड़े में।
दीया आज भी जलाता हूँ,
किसी पथिक की राह में।
आ गयी न मेरे पास, पुनः दीये की लौ में ही।
मैं जहाँ था, वही हूँ,
आ बैठ मेरे पास, तुझे देखता ही रहूँ।
हाँ, मुझमें समाने की जिद मत करना,
कोई शहरी लॉट दीखे,
उड़ जाना फिर बलखाती हुई।

❄❄❄

21

❋ ❋ ❋

"बस, एक निवाला : माँ के हाथों का"

आज भी ढूँढता हूँ,
लोहे की तवे की रोटियाँ
मिट्टी के चूल्हे की वो महक,
लकड़ी के आग की वह तपिश,
गाय के गोबर से चूल्हे की एक परत,
माँ के हाथों से छिटकी हुई
आटे की एक मुट्ठी,
सब कुछ मिल कर तो बनता था,
परिवार के पेट भरने की एक जुगत,
माँ के हाथ के फफोलों को कभी देखा नहीं,
खाते वक्त जरा-सी देर पर उठने से पहले सोचा नहीं,
बचे खाना को नहीं छोड़ने की बात मानी नहीं,
माँ के हिस्से की रोटी बची भी है या नहीं, देखा नहीं,
आज बड़ा हो गया हूँ माँ,
जैसे खिला कर तुमने हमें बड़ा किया माँ,
वैसे ही मेरे बच्चों को भी बड़ा कर दो न माँ,
बच्चे आज भी तुम्हें देखते हैं तस्वीरों में,
कभी तो उनकी मुराद भी पूरी कर दो न माँ,

तुम्हारे हाथ के एक निवाले से मन भरता था माँ,
आज तो पूरी थाल भी भूखी रखती है माँ,
अपने हाथों के हरी चूड़ियों से,
एक चूड़ी मेरी पत्नी को भी दे दो न माँ,
तुम्हें अभी तो रहना था, अभी ही तो जीना था,
तुम्हें नहीं लगता,
तुम जल्दी चली गयी न माँ..?
जितने फूल तुमने लगाये थे,
अभी तो उन्हें खिलते देखना था न माँ,
जितनी फिजाओं को तुमने सँवारा था,
अभी तो उनमें उड़ना था न माँ,
बस रोटी खाते वक्त ही नहीं,
हर पल में समायी हुई हो माँ।

❄❄❄

22

❊ ❊ ❊

माँ गंगे।, क्या माँगू तुझसे..?
नि:शब्द हो जाता हूँ, तेरी गोद में, माँ..!
कर्म-मोक्ष, ज्ञान-मोक्ष, ध्यान-मोक्ष..!
सब तो दे ही दिया, तूने, माँ..!!
नमस्तुभ्यम् माँ, नमस्तुभ्यम्!

❊ ❊ ❊

काश! मेरे मालिक ने भी
इतनी शिद्दत से मुझे चमकाया होता।
मालिक, तेरे अश्क के दर-बदर हूँ मैं अभी भी,
बस तेरे रुख्सार में समा जाऊँ, मैं कभी भी।
किस्मत के नेह का तसव्वुर, अभी नहीं कहीं,
र□ता कभी तो तुझे लाएगा, मेरे रूह-बदर...!

❊ ❊ ❊

23

❉ ❉ ❉

माँ,
तुम्हारा जन्मदिन है,
कैसे कहूँ कि तुम नहीं हो..!
जो नहीं होते,
उनका अहसास भी तो नहीं होता।
जब मेरा जीवन तुम्हारे अहसास से भरा पड़ा है,
कैसे कह दूँ कि, तुम नहीं हो माँ..!
मेरे साँस की हर बयार और हर निवाले में
तुम हो माँ..!

हर पल दीखती हो माँ,
हर बयार में महकती हो माँ!
तुम्हारे पौधे आज वृक्ष हो गए,
कभी तो छाया में बैठो न माँ..!!

एक बात पूछूँ..?
क्या तुम्हें ऐसा नहीं लगता कि,
तुम थोड़ी जल्दी में चले गए..! मुझे मालूम है,
तुम्हें भी जाने की जल्दी नहीं होगी।

पर शायद,
किसी बड़े सौभाग्य को हम तक भेजने के लिए
तुम्हें जाना पड़ा होगा।
ईश्वर भी तो सौदागर है,
कुछ लेकर ही तो कुछ देता भी है..!
यह बात अब मेरे समझ में आने लगी है।
कभी सोचा भी नहीं कि,
माँ के बिना भी कोई जिन्दगी भला हो सकती है..?
अब महसूसता ही हूँ कि,
माँ के बिना ही "जिन्दगी" हो सकती है..!
क्योंकि माँ के साथ तो "जीवन" होता है,
जिन्दगी नहीं!
बड़ा फर्क है, जीवन और जिन्दगी में, माँ..!

जीवन तो "भरा" ही होता है,
और जिन्दगी तो "खालीपन" में भी गुजर ही जाती है, माँ..
तुम्हें क्या लगा था कि, तू चली जायेगी तो,
जिन्दगी स्वतः जीवन बन जायेगा..?
नहीं माँ, नहीं..,
जिन्दगी तो आज भी है,
तुम्हारे तस्वीरों में जीवन,
आज भी खोज किये चलता हूँ, माँ!
किसी ने कहा था,
तुम होती तो ऐसा होता,
तुम होती तो वैसा होता..!

मैं कहता हूँ,

तुम होती तो ऐसा नही होता,

तुम होती तो वैसा नही होता..!

तुम्हारे लगाये बगिया के फूल भी पुकारते हैं तुम्हें।

खोजते हैं तुम्हें।

अब तो कुम्हलाने भी लगे हैं।

शब्द टूट रहे हैं माँ..!

भावनाएँ बिलख रही हैं, माँ..!

मन ओझल सा लगता है, माँ..!

तुम बिन बिखर चुका हूँ, माँ..!

❄ ❄ ❄

24

❄ ❄ ❄

कभी तो आओ इन लहरों के किनारे,
तुम्हारी और मेरी प्रेम की कहानी कहती हैं,
ये लहरें,
कभी सोचा तुमने,
ये पत्थर आये कहाँ से..?
याद करना, ये वही पत्थर हैं, जिन्हें,
मैंने और तुमने मौन स्वर में कंकड़ रूप में फेंका था!
देखो न, ये पत्थर भी अब बड़े हो गए,
तेरे इंतजार में, बड़े आड़े-तिरछे भी पड़े हैं;
तेरी उम्मीद में कि,
तू आएगी और इन्हें सहेज कर सजायेगी,
तू है कि, न मेरी सुनती है, न इनकी ही सुधि है!
देख, अब देर न कर,
कहीं ऐसा न हो कि,
पत्थर भी पिघल पड़े,
मेरी छोड़, अपनी सोच..,
गर तू कभी फिर आएगी किसी और के साथ,
सोचा है,
किसकी ओट में प्रेम-लिप्सा लिखेगी..?

❄ ❄ ❄

25

❄ ❄ ❄

माँ, कहाँ हो..?
बहुत मुश्किल है, माँ..,
तुम्हें आज के दिन याद करना।
सुबह की पहली साँस भी तुम्हीं से शुरू होती है,
रात की अन्तिम साँस भी तुम्हें ही सोच कर सोता हूँ।
जब सोया होता हूँ, तुम तो और पास ही रहती हो, माँ!
इधर अपराध-बोध कुछ ज्यादा हो गया है, माँ!
तुम जिस स्नेह-सम्मान की हकदार थी,
हम ज्यादा कुछ कर नहीं पाये, माँ!
धारण करने के नौ माह तक,
हमें अपने रक्त से सींचती रही, तुम।
हमने तो तुम्हें नौ दिन होते ही भुला दिया, माँ!
जिस संस्कार को तुमने उतारा, हम सबों में..,
हमने उसे ही कहीं और उतार दिया, माँ।
अच्छा होता, मैं समझदार नहीं होता.,
कम से कम तुम्हारे पुनः आने की बाट तो जोहता, माँ।
तुम्हारे लगाये बगिया के फूल भी सूख चले,
कुछ तो जतन करो न, माँ।
सोचा था, तुम्हारा बेटा हूँ..,
अधिकार याद रहा, कर्तव्य भूल गया, माँ।

ज़ितनी थपेड़ों से तुमने बचाया हमें,
हमने तो तुम्हें ही उजाड़ दिया माँ।
कहीं ऐसा तो नहीं, तुम्हें लग गया, माँ..,
कि तुम्हारे होने में ही खटका है?
तुम्हारे जाते ही, हम बड़े हो गए, माँ!
बड़ा कभी नहीं होना चाहा, माँ!
बस तुम्हारे जाने के बाद,
गोद की चाहत ने बड़ा कर दिया, माँ!
दोनों पोते तुम्हे देखते हैं, तस्वीरों में।
खुद तो समझता नहीं, उन्हें क्या समझाऊँ?

इतनी जल्दी भी भला कोई जाता है,
दोनों कहते भी हैं, माँ!
तुम्हारी लिखी हुई चिट्ठियाँ भी दिखाई है,
मैंने उन्हें।
तुझसे सुन्दर तो आज भी कोई नहीं माँ!
माँ, एक बात पूछूँ?
कहीं तुम्हें अहसास तो नहीं हो गया था,
अपने जाने का..?
क्योंकि गर्मी की भरी दोपहर में मुझे बुलाकर,
अपने साथ फोटो खिंचवाना..?
मैं समझ नहीं पाया था।
तुम्हारे जाने के कुछ पहले की,
यही तस्वीर बस गयी है माँ!

सबने कहा कि, आज 'मदर्स डे' है,
मेरे लिए तो कोई भी दिन
बिना माँ के हो ही नहीं सकता।
मेरे भोजन के हर निवाले में हो, तुम।
तुम्हारे जाने के बाद, लड़खड़ाया तो बहुत;
पर तुम्हारे विश्वास ने स्थिर कर दिया, माँ!

कभी याद करना,
कोई गलती हो मेरी अगर,
अब तो माफ कर दे न, माँ!
हर पल साथ है तेरा, जीवन की साँसों में,
रहो न रहो, तुम सामने मेरी आँखों के।
अगणित साँसे दी है तुमने मुझे,
हर साँस की कसक में, बचा है अक्स तेरा..
यहाँ गर्मियाँ आ गयी हैं।
हम अपना ख्याल रख रहे हैं, माँ!
अकेली हो, अपना ख्याल रखना, माँ!
बाकी, सब ठीक है, माँ..!

❄ ❄ ❄

26

❄❄❄

क्या सोच रहे हैं..?
अभी भी सोच ही रहे हैं..?
अब भी कुछ नहीं बिगड़ा, मित्र.!
सावन की बारिश भी गति में ही है..!
न जाने, कब तक भिंगोयेगी..?
आपके आस-पड़ोस में पानी जमा ही होगा..!
वह भी जल्द ही गटर में जा बहेगा..!
बच्चे भी तो होंगे, आपके आस-पास..!
सबने उन्हें रोका भी होगा,
पानी में खेलने को..!
मौका है, दस्तूर है..!
पुरानी पुस्तकों से कुछ पन्नों को निकाल,
बच्चों को बुला,
और बना ले अपने सपनों की नाव..!
छोड़ दे, पानी में अपने जहाज को बहने को..!
मंजिल भी तेरी होगी, कारवाँ भी तेरा होगा..!

❄❄❄

27

❄ ❄ ❄

घर की तरफ आते हुए अगर,
कदम तेज न हुए,
मिलने की दीवानगी न दीखे,
कुछ और भी याद आ गया हो,
समय बाँचने की जद्दोजहद हो जाए,
तिल–तिल कर मर रहे हैं।

हर घंटे बच्चों की याद न आये,
हर पल पत्नी की बातें याद न रहे,
बच्चों की शैतानियाँ, प्रेम की अठखेलियाँ,
याद न रहे, न ही याद आने पर मुस्कान हो,
तिल–तिल कर मर रहे हैं।

अपने आशियाँ का हर कोना,
गर खोने का निमंत्रण न दे,
अपने कमरे में प्रेम की चहक न हो,
रसोई में पड़ोसी के सब्जी की गमक न हो,
अपने वार्डरोब में रिश्तों के कपड़ों की धमक न हो,
तिल–तिल कर मर रहे हैं।

ड्राइंग रूम में चीजें थोड़ी बिखरी हों,
अध्ययन कक्ष में थोड़ा सलीका हो,
छत के गमलों का ख्याल न हो,
खिले फूलों पर ध्यान न हो,
तिल-तिल कर मर रहे हैं।

बच्चों के घुटनों की चोट,
पत्नी के बदन से हल्दी की महक,
अपने बटुवे के चिल्लरों की संख्या,
अगर जेहन में न हो,
तिल-तिल कर मर रहे हैं।

दोस्तों की बेसमय आवाजाही,
बच्चों का समय से सो जाना,
माँ का अनजाने में कमरे में आना,
अगर जीवन में नहीं दीख रहा, तो,
तिल-तिल कर मर रहे हैं।

बारिश की बूँदों ने भिंगोया नहीं,
तेज हवाओं ने डराया नहीं,
कड़ाही के गर्म तेल से हाथ सूजा नहीं,
पानी की तेजी में नहाया नहीं,
तिल-तिल कर मर रहे हैं।

अकेले में जोर का हँसना और दौड़ना,
बच्चो के संग भी दौड़ लगाना,

पडोसी के बगिया से कुछ फूल चुराना,
परचून की दूकान से दो लेकर, एक बताना,
अगर कभी नहीं किया है,
तिल-तिल कर मर रहे हैं।

कभी किसी गरीब को बिठाया नहीं,
किसी निर्वस्त्र को पहनाया नहीं,
भूखे को खिलाया नहीं,
भटके को पहुँचाया नहीं,
रोते को खिलखिलाया नहीं,
दृष्टिहीन को दिखाया नहीं,
तिल-तिल कर मर रहे हैं।

किसान को सहलाया नहीं,
सैनिक को सम्हाला नहीं,
शिक्षक को समझा नहीं,
समाज को स्वीकारा नहीं,
तिल-तिल कर मर रहे हैं।

बस यही तो जीवन है....
तिल-तिल कर और कोई नहीं मर रहा;
मर तो केवल हम ही रहे हैं।
बड़ी अच्छी कहावत है,
'जा, जी ले अपनी जिंदगी...'

❋ ❋ ❋

28

❄ ❄ ❄

थापम तालम् , लयनम् मधुरम्,
हृदयम् प्रेमम्, जीवनम् कालम्,
अविरल सुमधुर कनकत खनकत,
मन-पिपासु डमकत शुलम्!
लटकत जुल्फी अधरम् बदनम्,
कमनी काया लरजत लोलुपम्,
पिया मिलनम् ललितम् थापम्,
सुमधुर बदनम्, सुमधुर बदनम्!!

❄ ❄ ❄

29

❄❄❄

हाँ, मैं किसी की माँ हूँ,
किसी की पत्नी भी हूँ,
एक बुजुर्ग की बहू भी तो हूँ,
साथ ही एक भाई की बहन भी तो हूँ ही।

एक संस्कार, एक परम्परा,
एक विचार, एक प्रयास,
एक मानसिकता, एक नजर,
एक सुरक्षा, एक प्रतिब□ता,
एक डर, एक निर्भीकता,
यही सब तो पहचान है ना मेरी..?

कभी तो सोचा होता,
अगली बार कहीं
मैं ही तुम्हारी माँ बन के आऊँ,
कहीं तुम्हारी पत्नी बन के ही न आ जाऊँ,
कहीं तुम्हारी बहू रूप में आ गयी तो,
तुम्हारी बहन बन के ही आ जाऊँ..?
कुछ सोच तो नहीं रहे ..?
क्या लगता है,

कुछ छूट-सा तो नहीं रहा..?
कोई रिश्ता टूट तो नहीं गया..?
ऊपर के सारे रिश्ते तो चाहिए ही..,
मुझे मालूम है।
फिर, मेरे बेटी रूप से क्यों नफरत करते हो..?
कोख में ही क्यूँ मार देते हो..?
ईश्वर का दिया जीवन, मुझे देखने भी नहीं देते..!
क्यों डरते हो..?
थोड़ा खाऊँगी, ज्यादा बचाऊँगी,
तुम्हें कोई दिक्कत भी नहीं दूँगी।
ससुराल भी बसाऊँगी,
मायके की दुआ भी करुँगी।
सारे अरमान भाई-बाप के,
माँ के श्रृंगार का सहारा भी मैं,
घर के यज्ञ की जिम्मेदारी भी मेरी,
अब तो मान जाओ..!

मैं अब भी एक कोख के इंतजार में हूँ,
वचन दो, तभी तो आऊँ.!
याद रखना,
अगर मैं आज नहीं आ सकी तो...
कल तुम भी नहीं आ सकोगे!

❄ ❄ ❄

30

सुन पद्मा की पायल की झंकार
आखिरी विजय को थी, चक्रवर्ती की सेना तैयार
सुन पद्मा की पायल की झंकार, खुला कलिंग का द्वार
सम्राट क्यों गिर गयी 'कर' से तेरी तलवार,
न्याय-अन्याय का क्यों दे रहा गुहार,
रण-भूमि फिर रक्त रंजीत होने को है तैयार
जा मगधराज तू विजय है रण में
अपनी भुजाओं पर तू संताप न कर
विजय-पराजय का खुद निर्णय ले
या जीत की 'हार' कर स्वीकार
रण-भूमि फिर चीखों-उद्धघोषों से शोभित होने को है तैयार
गर पसीज गया हो हृदय तेरा देख ये "मसान"
फिर देख इनकी करुणा प्रियदर्शनी
कैसे कुछ बौद्ध भिक्षुक मुर्दों के बीच ढूंढ़ जिंदगी लाते हैं
बस एक छोटे से मटके से करुणा का सागर बहाते हैं
धो-धो कर तेरे जख्मो को हाथ उनके भी हो गए हैं "लाल"
रण में जीत हुई तेरी अब हृदय जितने आगे बढ़
अब जीत मन, जीत जगत, जीत जीवन
अहंकार जीत, विश्वाश जीत, उपकार जीत, करुणा से संसार जीत
अनावश्यक युद्ध का परिणाम यही होता है
मनुष्य अपने दुष्कर्मों पर रोता है
बुद्धं शरण गच्छामि। धर्मं शरणं गच्छामि। संघं शरणं गच्छामि।

❄ ❄ ❄

31

❄❄❄

माँ,
दशहरा के हर संकल्प और
अक्षत में तुम याद आयी हो।
तुम्हें हिचकी तो काफी आयी होगी,
क्योंकि तुम्हारी याद जो इतनी बार आयी है।
तुम्हें देखकर ही तो
पूजा-अर्चन का ककहरा भी सीखा, माँ..!
जैसे बन पड़ा,
हम सबों ने ही माँ भगवती को नमन किया, माँ.!
सबने कहा कि, जयंत्री काफी अच्छी आयी है
और हवन भी बढ़िया रहा, फलाफल सुखद है।
अपना ख्याल रखना, माँ..!
तेरी चर्चा करने मात्र से ही,
मन स्पन्दित हो उठता है, माँ...!

❄❄❄

32

❄❄❄

रेल की वापसी

भींगी हुई रेल की पटरियों सी,
मेरी भी आँखें नम होती हैं;
फर्क बस इतना सा रह जाता है कि,
रेल की रफ्तार से पटरियाँ सूख जाती हैं।
हर दिन मैं भी आता हूँ,
रेल भी रोज ही आती है,
रेल को मुसाफिर और मुसाफिर को रेल,
तो रोज ही मिलते हैं पर
मुझे वह नहीं दीखता,
जिसके लिए मैं रोज आता हूँ।
जाते वक्त गले भी लगा और
पाँव भी छुए थे उसने,
कहा था, पापा अगले सावन ही आऊँगा।
यहाँ तो नौ भादो भी बीत गए,
उसके इंतजार में धान की रोपनी भी छूट गयी।
रेल की चाय की तरह हर शख्स लगता है कि,
वह आ गया, पास आते ही
चाय के बेस्वाद की तरह अपना सा नहीं लगता।
मन मारकर कभी उसी बेस्वादु चाय से जी बहलाता हूँ।

मुसाफिर भी आते-जाते थक गए होंगे,
यह डूबता शख्स किसके इंतजार में,
क्या पता उन्हें कि,
मैं किसी के नहीं, अपने के इंतजार में हूँ।
रेल की गति की तरह समय भी साथ छोड़ दे रहा,
समय को तो अगली मंजिल भी नसीब,
मुझ अभागे को न तो रेल और न ही,
समय की मंजिल ही नसीब।
इसी उम्मीद में रेल को देखता हूँ,
कभी तो उन्हीं पटरियों पर फिर आएगी,
आज इधर से उधर जा रही तो,
कभी तो उधर से इधर भी आएगी..!

❄❄❄

33

❄❄❄

नमन हे शतवीर..
क्या तुम्हें ऐसा नहीं लगता कि
अब मोमबत्तियाँ भी खत्म हो चलीं..?
आखिर किस बात का दुःख है, तुझे...?
तुम्हारा तो कोई नहीं मरा...?
ना, ही तुम मरे..?
मैं भी तो तुम्हारा कोई नहीं...।
मैं तो अपने बच्चों का पिता था,
अपने पिता का बेटा था,
अपनी पत्नी का सुहाग था, और
अपनी माँ का लाडला था..!
हम तो सरहद पर जाते ही हैं,
मरने या मारने के लिए...!
कभी इस पार कोई मरता है,
कभी उस पार सही...!
तकलीफ मौत का नहीं, साहेब....
इस बात पर है कि,
मौत के बाद भी न तो आग देने आते हो, न ही...
मेरी पत्नी के चूल्हे में आग का जुगाड़ करते हो...!
कम पढ़ा कर फौज में, पिता भेजते हैं और साहेब,
तुम बच्चों को अधिक पढ़ाते भी नहीं..?

फौज के पैसों से पिता का दमा और माँ का लकवा
का इलाज़ था साहेब और....
बच्चों की खांसी भी तुम ठीक कराते नहीं.?
मेरे बिना ही दशहरा और होली मनती थी,
आज भी कपड़े और गुलाल तुम भेजते नहीं...!
माँ और पत्नी की चूड़ियाँ भेजता था, मैं हर बार...
आज सफ़ेद साड़ी भी भेजते नहीं...!
किस बात की मोमबत्ती, साहेब...?
मोमबत्ती की लौ ही जला दो, मेरे बच्चों के जीवन में...।
साड़ी-चूड़ी न सही, बच्चों का स्कूल ही करवा दो...!
चूल्हे में आग न सही,
बच्चो को खाना ही खिलवा दो....!
इतना भर करवा दो, साहेब...
चिन्ता मत करना...., देश की रक्षा में एक बार क्या,
सौ-सौ बार वारा जाऊँगा...!
जिस तिरंगे की शपथ हम लेते हैं,
उसी तिरंगे की शपथ ले, देश की बागडोर संभालना...!
वादा रहा,
या तो तिरंगा लहराता हुआ आउँगा, या फिर....
तिरंगे में लहराता हुआ आउँगा...!
पर, आउँगा जरूर....

❄❄❄

34

❄❄❄

नींद की मृत्यु : सपनों से ऊपर

नींद की उनींदी से जगा मैं,
किसी ने पलकों पर दस्तक दी है,
पलकें तो खुद ही डूबती सी,
थकी-हारी, मिचलाती सी,
ऊपर से यह आहट सी कैसी?
पलके झुकी, माँ की गोद में था,
पलकें उड़ीं, किसी आगोश में,
क्षण भर का उत्सव,
कितना फासला दे गया...?
बिस्तर की चादर ने भी आज,
सिलवटों से तौबा की लगती है,
हर बार उसी नींद की उनींदी से,
झक सफेद चादर पर स्याह पसरता है...!
देह छोड़ तनिक देख आऊँ,
लकड़ियों की सजावट को,
घी-कपूर में डूबे कर्मों के भाव को,
कुछ आँसू सूखे, कपोल पर लुढ़के,
मस्तक की पेशानी पर पसीने की बूँदें भी,
कभी इस बगल, कभी उस बगल से,
बहने को आतुर है,

कब तक पुरानी बूँदों को ढोएंगे,
अब तो नए की बारी है..!
कमजोर कमाची चरमरायी,
भक से मुझे चेतना आयी,
यह क्या,
जो कल तक पलकों पर सवार हुए चाहते थे,
आज पलकों पर छींटे दिए दीख रहे,
पलकें खुले या झुके,
पुतलियों ने सारा खेल समझ लिया है..!
जिन्दगी, बड़ी बदसूरत है तू,
हर कदम भागती-भगाती होती है,
तनिक मौत से सीख,
मिली नहीं कि,
तबियत में ही सुकूँ आ जाता है...!

❄❄❄

35

❄❄❄

कुछ मेरी हलकियों ने,
बाकी आपकी भारियों ने,
रहने न दिया, तबस्सुम को,
अलफ़ाज़ सूखते भी चले।
ग़र पानी की मिलकियत भी,
लगा दर-बदर हो चली,
गला सूखता भी रहा,
आप मशरूफ ही रहे।
इनायत किसी की,
कोई करे भी कैसे,
जिस सज़दे ने परवाह की,
खुदा क़सम, आप उसी के हो गए।

❄❄❄

36

❄ ❄ ❄

रे मन,
बड़ा चंचल तू,
बड़ा निष्ठुर तू,
ऊपर आसमाँ मेरी जद में,
नीचे मैं धरा की गोद में,
हवा भी कुछ कहे,
सरर-सरर,
बूँदें भी आँख मिचमिचाये,
मैं भला ठहरा सा पल,

रे मन,
कभी तो सुन,
मेरी बाताँ जरा!
ये बचपना न जाने कब,
ओझल हो जाये,
मेरी जुस्तजु से...।
रे मन,
कभी तो सुन, मन की जरा...!!

❄ ❄ ❄

37

❄❄❄

बड़े शौक-ऐ-शवाब से निकला ऐ रह-गुजर,
रस्तों से बेफिक्री भी न देखी गयी मेरी,
कहते तो थे कि, आ नाप मुझे!
पास आकर दस्तूरी भी न मिली..!
कशमकश है, तेरी ही जुस्तजू में,
ख्वाब भी कभी आये तो सही,
रस्तों को नापने की कवायद भी,
तेरी चाहत-ऐ-दस्तूर से भी वाकिफ रही..!

❄❄❄

38

❄ ❄ ❄

जिन्दगी कुछ धूप सी,
थोड़ी छाँव सी कभी-कभी!
कभी इस पार स्याह जिन्दगी,
कभी उस पार सफेदी सी..!
किवाड़ के दरकते सिटकिनी से,
कभी जिन्दगी की आवाज भी आती है,
स्याह जिन्दगी के इस पार को,
अब तो अपने उजाले में लिए चल..!
चरचराते दरख्तों के टुकड़े से,
एक आशियाँ महफूज बना था,
आज चिता भी थोड़ी जिन्दगी,
उन्हीं टुकड़ों से उधार माँगती है..!

❄ ❄ ❄

39

❋ ❋ ❋

अपना अक्श दर-बदर ढूँढता रहा, ऐ रहगुजर..,
कभी पास तो कभी दुरंदेज ही दिखा,
हमेशा चिरागाँ की लौ ने छिपाया हमें,
जो हम छिपे तो, जुस्तजू की रोशनी में..!
बदन-करीब ही छुआ ऐ सितमगर..,
नजरों ने ही इश्तकबाल किया!
गौर फरमाया तो, नोश की रहनुमाई,
जुनूँ की हद तक पेशानियों की तह आयी..!

❋ ❋ ❋

40

❊ ❊ ❊

चाँद पड़ा जल के ऊपर
हिम धीमे-धीमे पिघल रहा,
जल-राशि की महिमा देखे,
पाषाण भी तो डोल रहा।
चाँद की चँदनिया से
चाँदनी भी चिस-चिस कर,
चपल चँदोवा से चुम्बन की,
चिर-प्रतीक्षित चाहत को,
चूर-चूर कर अपनी ही चाहत को
चिरायु किये जाती है!.....

❊ ❊ ❊

41

❄❄❄

माँ...तुम्हारा दशहरा..
बड़ी उम्मीद थी, माँ,
पर इस बार भी कुछ नहीं ही हुआ।

मुझे याद है,
मुफलिसी के दिनों में भी,
तुम अपनी नयी साड़ी से भी,
हम सबों के लिए कमीज बनवाती थी..!
अब तो ईश्वर ने बहुत कुछ दिया, माँ!
पर आज भी इन्तजार ही होता है,
दशहरा में तुम्हारे दिए, नये कपड़ों का,
जो सुकूं तुम्हारे दिए "सस्ते" कपड़ों में था,
खुद से खरीदे "महंगे" ब्रांडेड कपड़ों में नहीं, माँ!
जो सुकूं तुम्हारे दोनों पोतों के लिए खरीदने में है,
वह अब अपने लिए खरीदने में कहाँ, माँ..!

आज भी इन्तेजार होता है,
तुम्हारे जयंत्री का,
अब तो पंडित जी देकर चले जाते हैं!

तुम्हारी पूजा के लिए फूलों की चोरी,
आज भी याद है, माँ..!
आज तो पूजा बस हो जाती है, माँ..!
तुम्हारी पूजा की आरती में,
हम घण्टी और शंख बजाते थे माँ,
अब तो हम ही आरती करते हैं और,
हम ही घण्टी लिए खड़े हो जाते हैं..!
उड़हुल के फूलों को हमारे सर से छुवाना,
आज भी याद है माँ..!
उड़हुल तो आज भी है,
पर छुवाने के लिए, हम दोनों ही हैं, माँ..!
रिक्शे पर बिठा कर,
अपने आँचल से हमारे सर को ढकना,
आज भी याद है माँ..!
आज तो बड़ी सी गाड़ी भी है,
पर जिम्मेदारियों ने मेला-मन्दिर,
घर में ही लगा दिया है, माँ..!
बड़े अपना बड़प्पन भूले,
हम कैसे भूले, माँ..!
तुम्हारे पोतों को हम अपने बड़े होने का,
अहसास दिलाते हैं, माँ..!

❄❄❄

42

❄ ❄ ❄

माँ..., उन्नीस तपिश की पीड़ा..!!

उन्नीस साल हो गए माँ, तुझे देखे हुए..!
तूने तो कहा था, कभी जाऊंगी नहीं..!
लगता है, कोई बड़ी बात हुई होगी, तेरे जाने में.!
आँसू सूखते नही माँ,
दिल भरता नहीं, जी लगता नहीं,
तेरे वजूद की खोज किये चलता हूँ।
कैसे कहूँ कि, आज के दिन ही तुम गयी थी,
किसी अन्तहीन यात्रा पर..,
यह कह कर कि,
अपना ख्याल रखना.!
तुम्हें कैसे मालूम कि,
हमने भी सीख लिया है, तेरे बगैर ही जी लेना,
अब तो याद भी नहीं आती, खोजता भी नहीं तुझे,
बस, एक आदत जाती नहीं, माँ,
तुझे खिलाये बिना, निवाला भी साथ नहीं देता..!
साँसें भी कह डालती हैं,
माँ को याद कर लिया कर..!
साँसों को क्या मालूम कि,
बिना तेरे तो साँसें भी साँस नहीं लेतीं...!

फूल लाता हूँ, रोली चढ़ाता हूँ,
अक्षत और कुमकुम से तुझे सजाता हूँ;
जब अपने आप को ही सजवाना था,
मेरी क्या जरूरत थी, माँ..!
मैं तो तेरी गोद में सोने आया था,
तेरे कंधों पर रोने आया था,
तेरे आँचल में छुपने आया था,
अपने भाग्य को तुझसे चुमवाने आया था, माँ..!
तूने जाते ही बड़ा बना दिया, माँ!

न तो सोता हूँ, न ही रोता हूँ,
छुपाने को कुछ है नहीं, तो छुपता भी नहीं,
चूमने को तेरे दोनों पोते हैं न, मेरे पास..!
तेरा उड़हुल सूख रहा, माँ,
पानी दिए चलता हूँ,
इस अंगना न सही,
अपने ही अँगने में लगाऊंगा,
उसी फूल से तेरा बाकी श्रृंगार भी करूँगा, माँ..!

हरसिंगार ने भी कहा था, मुझे भी ले चलो,
जहाँ उड़हुल रहे, वहीं बसा देना,
मंदिरों के पुजारी खोजते होते हैं,
तेरे हर वजूद को, माँ..!!
आज माँ की पुण्य-तिथि है...!!
कुछ लड़ना भी था,
झगड़ना भी था,
रोना भी तो था...!

लड़ूँ भी तो किससे..?
कोई चुप भी तो नहीं कराएगा...!
अपना ख्याल रखना माँ,
कुछ कमी अगर दीखे भी तो,
नजरअंदाज कर देना क्योंकि,
तुम्हारी नाराजगी और आदर्शों से
किसी को फर्क नहीं पड़ता, माँ...!
आचमन कर, पुनः सोना चाहता हूँ,
तेरी गोद में, माँ....!
नमस्तुभ्यम् माँ नमस्तुभ्यम्....।

43

❄ ❄ ❄

महाभारत के संजय से उतरी,
शिवाजी ने कहा, अप्रील की खूबसूरत फूल,
अप्रैल ओनल!...
चहकती थी, फुदकती थी,
चहुँ ओर बिखेरती थी,
अपनी खुशबू और दरियादिली।
ईश्वर भी खुश हुआ था,
अपनी खुशियों की पोटली,
जमीं पर भेज कर।
तू तो जीव से लड़ने वाली थी,
खुद से ही कैसे हार गयी...?
कहीं ऐसा तो नहीं कि,
हमारे पुरुषार्थ से तुम्हारा भरोसा टूट गया हो..?
मैंने देखा है तुम्हें, जलते हुए...,
तुम्हारी चिता की तपिश में,
आत्माओं को मरते हुए।
हम खड़े बस तमाशाई बने रहे,
शायद किसी और चिता की तपिश की तलाश में।
यकीं है,
तुम कभी तो आओगी।

इस घर न सही,
किसी घर ही सही।
हमारे शब्द भी खत्म और,
मोमबत्तियाँ भी खत्म।
अँधेरे में ही सही,
क्षण में ही सही,
कभी तो आना और हमें दीप्त कर जाना,
क्योकि हमने तो तुम्हे जलाया है, मोक्षदा में।
कर्मकाण्ड भी किये हैं।
हो सके तो,
हम कायरों को माफ़ कर देना,
तुम्हें न तो समझ सके,
और न ही बचा सके।
"ओ री चिरैया, अँगना में फिर आजा रे"

❄❄❄

44

❄ ❄ ❄

मैं तो जी चुका अपनी बड़ी जिन्दगी,
बस तुझे देखना है, जीते हुए बड़ी जिन्दगी,
मेरी चिन्ता तू अभी तो न कर, मेरे दोस्त!
बारिश के चोटों से अभी तुझे बचाना है।
ये बूँदें लगती तो बड़े जोर से हैं,
चमड़ी भी तो मोटी हुई मेरी ही है,
तूने तो अभी कुछ ही सावन देखे हैं,
असाढ़ का क्या! भादो भी तो बाकी ही है।
रंज ना कर तू, मेरे भींगने पर,
बूँदों की आड़े-तिरछे चोटों पर,
हो सके तो, अगली बार आ ही जाना,
जब मैं भींगू, तू मुझे बचा लेना।

❄ ❄ ❄

45

❋ ❋ ❋

मैं पथिक तेरी ओर चला,
स्याह-पीत की राहों पर,
कनक धवल चमकाती सी,
धुंधली सी बलखाती सी.!
राह न जाने मंजिल ठौर,
थका सा मन-कदम चहुं ओर,
तू ही पहुँच अपनी घुँघरू से,
ठौर-सराय जिमवा देना...!

❋ ❋ ❋

46

❄ ❄ ❄

रंगरेज के ईश्क से बच के निकले थे, हम...,
क्या पता, गालों की लाली भी चुगली कर बैठेगी...?
तेरे हाथों की कसक ने जो छुआ भीतर तक हमें,
गुलाबी रंगरेज भी नीला हुआ जाता है...?

❄ ❄ ❄

47

❄ ❄ ❄

पैरों की बेड़ियों से तन भले ही बाँध लो,
मन को खुले आकाश में उड़ने से कैसे रोक पाओगे.?
प्यार-पाश में तो तुझे बाँधने चली थी मैं,
तुमने तो मेरी गति ही बाँध दी..!
जब तक चलूँगी, तेरे साँसों का सहारा ही रहूँगी,
मेरी साँसों के बाद, ये बेड़ियाँ तेरा सहारा बनेगी...।

❄ ❄ ❄

मैंने बस एक कतरा रोशनी का माँगा था,
अपने बुझे चूल्हे को जलाने को,
तुमने तो मेरे घर को ही जला दिया,
अपनी भूख मिटाने को...।

❄ ❄ ❄

48

❄ ❄ ❄

इक कतरा भर चाहिए, मुझे,
तुम्हारी बड़ी सी झोली से,
कितनी खुशियों को तुमने,
बस बाँध रखा है!
बाँट डाल आज ही,
किसी के मुस्कान पर,
नसीब वाले हो कि,
तुम्हें कोई हँसता हुआ आज मिला..!

❄ ❄ ❄

अलहदा हम रोये तो सही,
चीखें न निकली तो, हमारी क्या खता...!

❄ ❄ ❄

49

❃❃❃

मसायलें और भी तरन्नुम है बिटिया,
पहले जरा सत्ता की हवस पूरी तो कर लेने दे,
आ, सत्ता की राह में तुझसे ही शुरुआत करते हैं..!

❃❃❃

ऐ शहर, सुना तुमने कभी जिन्दगी परोसी थी,
तुम्हारे सहर–ऐ–दामन ने साँसों की रंगीनियाँ भी,
राहें भी तकती किसी रहगुजर को,
कतरा–ऐ–रंग भी तो हुए दरबदर..

❃❃❃

50

❄ ❄ ❄

मौसम की उलझनों को तो,
बड़े सलीके से सुलझाती हो!
कभी जीवन की बदरंग उलझनों को भी,
अपने इन्हीं रंगों से सुलझा दो...!!

❄ ❄ ❄

फख्र-ऐ-शहादत गर तुम्हें हुई होगी,
अपनी सरजमीं के आसमाँ को चूमने पर..!
हम कायर-ऐ-मिजाज तो आज भी हैं,
तुम्हारी शहीदी पर ख्वाब-ऐ-पुरसी भी नहीं करते...!!

❄ ❄ ❄

51

❋ ❋ ❋

शिव, तुम त्रिकाल हो,
प्रचण्ड के विकार तुम,
धरा-धवल है, चींखती,
नटराज के अमूर्त पल..!
स्व-विवेक रुका चाण्डाल का,
जिजीविषित हुए अघोर,
मानुष-प्रकल्प शरण हुए,
निर्माण के प्रकाण्ड तुम...!

❋ ❋ ❋

52

❊ ❊ ❊

हे प्राणप्रिय, हे प्रीतम..!
तुम्हारी मिट्टी, मेरी मेहनत...!
तुम्हारा त्याग, मेरा कौशल...!
मेरा प्रहार, तेरी सहनशीलता...!
मेरा कटुपन, तेरा सौन्दर्य...!
काश, कि एक फूल खिला पाते...!

❊ ❊ ❊

जिन राहों पर तूने कभी सज़दा किया,
अब वे राहें ही मेरी मंजिल हैं...!
हशरते आज भी उन्हें चूमने की है,
जमीं पर उतरे हुए सितारों को..!!

❊ ❊ ❊

53

❊ ❊ ❊

अँगूठियों का सत्रहवाँ यौवन मुबारक हो मेरे मीत,
गर नगीनों ने उँगलीयों पर कसक बना रखी है।
प्रेमपाश का स्पन्दन धीर मत छोड़ना-
अभी तो जीने की पाश हमने सजा ही रखी है..
पल क्षण साँसों की महक भी तुझसे ही है-,
स्नेह.... बगिया भी तो खिली हुई ही है-
बस इल्तज़ा इतनी सी रख, ओ मेरे मीत,
कसक और मशक की इश्क़ से कभी मुखालफ़त न हो...

❊ ❊ ❊

54

❄ ❄ ❄

गुड़ की मिठास,
तनिक रिश्तों में घोल लेना,
काले तिलों से,
हर बुरी नजर बचा लेना,
उजले तिलों की माफिक,
जरा दिल को समझा लेना,
परिवार पर स्नेह दही जरूर परोसना–,
नहीं तो चिउड़ा की तरह,
बिखरते हैं, परिवार...!

❄ ❄ ❄

काश कि, इन रस्सों की आमदरफ़्त खत्म हो जाये,
अगली दामिनी नहीं, पिछली से मौत का खौफ़ आ जाये...
बड़े मकाँ में बिकते नहीं जमीर हमेशा,
कोई तो है, जमीर को ढोये लिए चलता है...

❄ ❄ ❄

55

❋ ❋ ❋

गर मशगूल क्या हुए दरमियाँ मिटाने को,
तेरे आतिशी इश्क ने मुझे ही मरहूम कर दिया..!

❋ ❋ ❋

ये नजदीकियाँ बदस्तूर रहे
साँसें भी बेहिसाब चली आती हैं।

❋ ❋ ❋

"एक चाँद को इन्तेजार, एक चाँद का इन्तेजार,
चाँद भी मशरूफ, अपने चाँद की चाँदनी में"!

❋ ❋ ❋

जिद न कर ऐ तबस्सुम, दफ़न को राज ही रहने दे..,
गर कहने पर आ गए, पर्द भी बेपर्द हुआ आशियाँ जलायेगा।

❋ ❋ ❋

❊❊❊

इन्सान की नकल कर के पत्थरों को भी सलीका आ गया।
और इन्सान है कि, आज भी अपने भीतर पत्थर ही भरे बैठा है..!

❊❊❊

कुफ्र न कर मेरी संजीदा दिलकशीं पर,
मौला ने तो तुम्हें भी सुर की नेमतें बक्शी है..!

❊❊❊

रंग-ऐ-महफ़िल न सही, खाक़सार की महफिल से हूँ।
गर किस्मत ने वाजिब सुर लगा दिया, महफिल-ऐ-रंग का चरागाँ बनूँ मैं..!

❊❊❊

"फख्र मत कर तमाशा-ऐ-जश्न का,
मशक्कत किया हुनर, आज परवान पर..!

❊❊❊

मेरी तस्वीर तो स्थिर है, बेटी!
जरा अपने जमीर को सम्भाल ले..!

❊❊❊

❊ ❊ ❊

सर्द चादर में लिपटी स्नेहिल रिश्तों की धमक।
शुष्क मौसम की तरह हमारे-आपके चेहरों की चमक।।

❊ ❊ ❊

ख़्वाब तेरे सतरंगी माफिक, इश्क जुनूँ अधरों से है,
जिस्म रंगे रंगरेज रंग से, रंग-प्याला उथले पर है।

❊ ❊ ❊

"सुर्ख पलकों से भींगा है तेरा ज़ज़्ब-ऐ-कायनात,
ज़रा अर्श के साथ, खाक़-ऐ-फ़र्श का मिजाज भी फरमायें हुजूर..!

❊ ❊ ❊

गर गुलाल की गुस्ताखियाँ जो हमने नजरअंदाज की,
हुकूमतें पल भर में ही सीने में दफ़न हो चलीं...।

❊ ❊ ❊

चीर भींगा, पत्ते भींगे, भींगे धरा-जमीर!
मन प्यासा, सूखा रहा, भींगो मोहे, रघुबीर...!!

❊ ❊ ❊

❄ ❄ ❄

अपने हाथ की रेखाओं को, मेरे तलवे पर उकेर दो,
आज मेरे कदमों को सम्भाला है, कल तेरे हाथों को संभालूँगा।

❄ ❄ ❄

लबों से इश्क गिरते नहीं, अल्फाज साये की ओट लिए चलते हैं,
हवाओं ने जरा बेतकल्लुफी क्या दीखायी, आप तो बस यूँ ही बरस पड़े..!

❄ ❄ ❄

तालियाँ गर रुके तो सही, अल्फाजों के बयाँ वास्ते,
दफ़न तो और भी है, सीने में, राज की पेशगी तो मुकम्मल हो।

❄ ❄ ❄

उत्तुंग शिखर हो चला मुखर, पास मधुरिमा चाँद प्रखर,
हिम-शीत गले जब आये अनल, चुम्बन की आस राहे-सहर..!

❄ ❄ ❄

तुम्हें क्यों लगता है, क़तरा-ए-गुबा़र भी मेरा नहीं...?
सारा जहाँ तो तेरे ही पास है, क्या धूप-धूप भी मयस्सर नहीं..?

❄ ❄ ❄

❋❋❋

ये हवाएँ भी बड़ी मुश्तज़िर हैं,
तुम्हारे फेरे जुल्फों से भी कदा कर लेती हैं,
न बेपनाही का मुकर्रर किया करती हैं,
बस तेरे हुस्न के साये में वज़ू किया करती हैं..!

❋❋❋

केक–मोमबत्ती वालों की उमर बढ़ा देते हो,
तनिक पेट की आग ही बुझा दो ना.,
आज हमारा भी तो कोई दिन ही है!

❋❋❋

जज्ब–ऐ–सुर का आगाज हुआ ही अभी,
ठुमरी को ही बेवा कर चल दिये..?

❋❋❋

❄❄❄

मन–प्राण सकल तुम प्रीत–प्रीतम, सिंचित भींगा मन उबल रहा,
तन नेह–मेह स्पन्दित हो, माँ, दुलार–गोद मोहे रहने दे..!

❄❄❄

राह–ऐ–रस्ता ज़रा बाकी है अभी,
तनिक ठहर तो सही, मकाँ पहुँचन तो दे..!

❄❄❄

गुलाब त हमहुँ देई सकत है, बाबूजी,
तनिक प्यार से दुई बोल देकर तो देखौ,
बिटिया हूँ, तुम्हारी!

❄❄❄

मन बसन्त मन फागुन घिरयो, उड़े गुलाल तन दहक–महक मोरा!
रुचि प्रेम तन डूबत–पीड़त सखी, पोर–अगन पिया दुःखे गलबहियाँ!!

❄❄❄

❄❄❄

अपने मुल्क पर तो कितने पत्थर फेंक चुके तुम,
कभी अपने जमीर पर भी तो पत्थर फेंको,
शायद चोट से ही सही, जमीर का जमा लहू बह सके..!

❄❄❄

हमारी नजरों से दुनिया देख ऐ चचा,
कभी चोट या नफरत नहीं पाओगे;
गर खुद की कवायदों ने समेटा तुझे,
पग-पग पर ठोकरें ही खाओगे।

❄❄❄

जिन्दगी साँझ हुई, गलियाँ दर-बदर करते,
अब तो आन मिलो कन्हैया, गली के इस मोड़ पर।

❄❄❄

नीली-पीली राहों से
तय हुआ, अब तक का सफर!
स्याह-हरित का मंजर है बाकी,
शीत की आहट है, मेरे हमसफर..!

❄❄❄

❄❄❄

मालन के लगाए पुराने दरख़्त पर,
माली की नई बेल ने जगह ले ली है।
दरख्त के पत्तों ने जगह तो बना दी है,
बसन्त में फिर आएंगे, पतझड़ में तुम ही सही...!

❄❄❄

गर मशगूल हुए तेरी चाहत-ऐ-दरमियाँ,
मशरूफ किया अपनों ने आशियाँ;
कुव्वत ऐ-मोहब्बत तो देख ऐ दरिया,
तेरी मशक्कत से भी नहीं डूबे हम..!

❄❄❄

कल शुकर की रात थी, रौशनी मयस्सर थी,
आज हर चिराग रौशनी को मयस्सर है;
बड़े नजाकत से जलायी थी, चिरागाँ हमने,
सुबह की बेबसी से रौशनी भी मुतमईन है...!

❄❄❄

मेरे हमसफर, जिन्दगी के सफर में, मेरी जिन्दगी तो तुमने सँभाल दी,
आ बैठ, मैं भी तुझे इस राह पर ही सँभाल लूँ!

❄❄❄

❄❄❄

एक छटाँक हवा ही तो मांगी थी,
तेरे बन्द पड़े खिड़की की,
तूने वहाँ भी एक कतरा रौशनी ही भेजा,
बची हवा को जलाने को।

❄❄❄

मेरी नींद कहीं तुम्हारी किताबों में कैद तो नहीं...?
स्याह नक़ाब ने तो उसे भी मुझसे छुपा रखा है...।

❄❄❄

सियासती शतरंज अब कहाँ, मोहतरमा,
हम तो तस्वीरों के बहाने गुफ़्तगू किया करते हैं...!

❄❄❄

गुस्ताखियाँ ही सही, जी भर देखने तो दे,
उम्र भले ही बढ़ी हो,
चाहत और शरारतें, तो आज भी जवाँ हैं...!

❄❄❄

धूप...! जीवन की राह में, थोड़ी जिन्दगी और दे दे,
काले-स्याह पड़े राहों ने तो, साँसों में भी वजन दे दिया है..!

❄❄❄

❄❄❄

एक रोटी दिलवा दो साहेब,
भाई के भूख से मेरी मौत होती है...!

❄❄❄

एकाध पन्नों को पलट कर तो देख,
किसी का दिया हुआ, सूखा गुलाब ही मिल जाये...!

❄❄❄

अम्मी कहूँगा, शिकवा तो नहीं करोगी...?
सुना है, बच्चों की मन्नतें कुबूल करती हो...!

❄❄❄

माँ के दूध में जरा भींग तो जाऊँ,
पानी तो शहरों में भी मिल जाता है...!

❄❄❄

जरा सुकूँ-ऐ-फुरसत दे ऐ जिन्दगी,
मैं भी छलाँग लगाऊँ,
बचपना देख कर जी मचलता है...!

❄❄❄

❄ ❄ ❄

एक रोटी क्या माँग ली मईया,
तेरी आँखों में ही आँसू आ गए...!

❄ ❄ ❄

मुस्कुराने की कोशिश में, तस्वीर बिगड़ जाती है,
ये आईना भी चेहरे की तरह, फ़रेब नहीं समझता...!

❄ ❄ ❄

फ़रिश्ते भी भूल चले, कयामत के तसव्वुर में,
यादों का बस अक्श बचा, मरहूमियत दर ठिकानों में..!

❄ ❄ ❄

एक सुर न मिला मुझे, धुन-काशी की बरसात में,
शहनाई भी बेनूर बजी, सुर-गंगा की ही आस में..!

❄ ❄ ❄

दो पल नेमतों की माँगा था, खुदा से,
दे गए खुद ही खुदा, तेरे ही बहाने..!

❄ ❄ ❄

❋ ❋ ❋

शिव-भस्म से निकल कर शिव-राख में समाया,
बस यही तो सफर किया, पूरी ज़द्दोजहद से..!

❋ ❋ ❋

कई दौर चले बदज़ुबानी और क़त्ल-ऐ-इन्सानियत के,
अब तो मुल्क भी थका,
एक फूल तो खिले पैग़ाम-ऐ-मोहब्बत का..!

❋ ❋ ❋

कुछ शोखियाँ यूँ ही बदस्तूर रहे,
शरारतें भी उम्र कहाँ देखती हैं..!

❋ ❋ ❋

खड़ से बुन कर चटाई बना दो माई,
रात के सपने में तुम जागती दीखती हो..!

❋ ❋ ❋

मेरे हिस्से का आसमाँ भी तुम्हें मुबारक़,
जरा सी हवा छोड़ दे, मेरी साँसों के लिए..!

❋ ❋ ❋

❄❄❄

वक़्त ऐ अजान में हाजिरी तो कबूल,
गर मसले और भी पड़े हैं, सियासत की राहों में..!

❄❄❄

जिन्दगी की राह में साँझ भी आ चली,
कमबख्त इस भूख का सवेरा डूबता ही नहीं..!

❄❄❄

सुलगती चाहत को कुछ यूँ न सुलगाओ,
मैंने पहले ही बारिश-ऐ-ईश्क को कह रखा है..!

❄❄❄

बुतों में जान नहीं होती, ये किसने कहा...?
जरा पास आ, चूम कर तो देख,
फूल न मुरझा गये, तो फिर कहना..!

❄❄❄

इन पलों का सुकूँ मुझे नवाज दे ऐ जिन्दगी,
इन पलों ने ही मुझे अपने आप से रूबरू किया है..!

❄❄❄

❄❄❄

हम तो मशरूफ़ रहे, तेरी रवाइयत के नक़्श में,
मियाँ, बेतकल्लुफी जरूरी है, दिलों में राज को,
वरना दिलों पर राज करने को, संजीदगी ही सही है...!

❄❄❄

बस दो कदम तुम भी चले, एक तो मैं भी चला,
सुर्ख गुलाबों की पंखुड़ियाँ भी तो तेरे ही कदमों चलीं,
क्या हुआ जो, कदम मेरे छूटते गये,
संग तेरे तो यह भी सही–वह भी सही..!

❄❄❄

हूँ तो मैं ऐसा ही...!
जिजीविषा होनी चाहिए..., इंसान रूप में कर्मवीर ही जीता है।
सोच तो मुर्दों की होती है..., जो उठने के लिए भी चार कंधे खोजते हैं...!

❄❄❄

बड़ा आसरा था..., हवा के झोंकों पर... बड़े बेरहम निकले...!
पर वालों के आशियाँ उजड़ गए..., बे–परों ने आशियाँ बसा लीं...!

❄❄❄

❋ ❋ ❋

अपने हिस्से का थोड़ा ताज दे दे, ऐ महल,
काश कि, अपनी ख्वाहिशों को मैं भी दफन कर सकूँ...!

❋ ❋ ❋

रंग बासन्ती धानी चुनरिया, देहिया में लागेला आग हो रामा,
तनी बरस जा, मेघवा जिया मोरे, तन-मन भींगहि बलमुआ सकारे..!

❋ ❋ ❋

न मैं मीनार का हूँ, न ही झरोखे का हूँ,
जरा उतार दे मुझे, आदमियत से गुफ़्तगू करनी है...!!

❋ ❋ ❋

जरा जी लूँ अपने बचपने को आज,
कल का क्या पता, किसके लिए मुझे जीना पड़े...?

❋ ❋ ❋

ईश्क़ में मशरुफियत ने जरा करवट क्या ली,
चिलमन-ऐ-हुजूर ने पैंतरे बदल लिए..!

❋ ❋ ❋

❄❄❄

तेरे किस्सों की कहानी मुझे नहीं पढ़नी,
तेरी छुवन आज भी मेरी आँखों में कैद जो है..!

❄❄❄

उठ ऐ जफ़र वतन वापसी का दौर है अभी,
सियासी इन्तेज़ार भी रुख़सती के ही दौर में है..!

❄❄❄

हलक सूखा होगा, धूप की तपिश में,
आधा ही कटा हूँ, छाँह तो दे ही सकता हूँ..!

❄❄❄

शुक्र है दिल लिए तहखाने में बैठा हूँ,
वरना दिमाग के साथ, यह दिल भी,
रहगुज़र के ही काबिल होता..!

❄❄❄

दे सको तो एक रोटी दे दो,
ग़र सिक्के तो तुम भी माँग कर ही लाते हो..!

❄❄❄

❋❋❋

किया विसर्जन टूटी मूर्ति, बहा भाव-विश्वास,
अक्षत-बिन्दिया-कुमकुम-रोली, उड़े नभान्तर श्वास..!

❋❋❋

चुपके से ग़र दीख गया एक चाँद सा कोई,
आसमाँ के चाँद ने भी अपनी रुख्सती कर ली..!

❋❋❋

जब जमीं अपनी, आसमाँ अपना,
छोड़ सरहदों को, हमें कौन सा वहाँ घर बसाना है..!

❋❋❋

बच्चों को ग़र जीने दे थोड़ी सी हवा और देकर,
वरना मौत की तरफ तो हम यूँ ही चले जा रहे हैं..!

❋❋❋

दो किताबें खरीदी थीं कभी, सुकूँ से किस्मत बनाने के लिए,
आज दो किताबें बेचता हूँ अभी, दो रोटी की सहूलियत के लिए..!

❋❋❋

❄ ❄ ❄

तनिक ठहर तो सही, चिराग़ अभी भी रोशन है,
महबूब आ चली है, और मेरे हिस्से की रात गुजरी नहीं..!

❄ ❄ ❄

हर्फ़ तीखे और लहजा अदब़ का,
मुकद्दस खैरकदा, है नूर तू ख़ुदा का..!

❄ ❄ ❄

बेकरार रूह का सुकूँ-ऐ-मुकाम है यहाँ,
नज़दीकियाँ हुई नहीं कि, इरादे ही बदल गए...!

❄ ❄ ❄

कुछ रंजिश थी बड़े कवायद से,
दो कदम साथ क्या हुए, ख़ामोशी फ़ना हो गयी...।

❄ ❄ ❄

ज़रा ठहरो कि, हम चलते हैं,
तुम्हारे पाँवो में अभी भी मेहर बसी है..!

❄ ❄ ❄

❊ ❊ ❊

ईश्क-ए-गुलिस्ताँ की क़वायद जरा सुकूँ-ऐ-खैरमकदम,
ज़रा आहिस्ते से, गुलजार नजरों में है..!

❊ ❊ ❊

निशाँ-ए-मोहब्बत ताज है-ऐ-जरा दूर,
फ़ना तो होने दो तेरे जुस्तई आगोश में..!

❊ ❊ ❊

एक अदद दुनिया भेज दे, मेरे मालिक,
जहाँ ईश्क-ऐ-चरागाँ से, रूह रोशन-ऐ-वाक़िफ़ हो..!

❊ ❊ ❊

बोझ गर काँधे पर हो, उससे नहीं गुरेज,
एक बोझ से मिटती तन भूख, दूजे से मिटती, मन-भूख..!

❊ ❊ ❊

कदम दर कदम उतरते गए, माँ के चरण पखारने को,
पाप की गठरी भी धो लिए, माँ के आँचल से छुपाने को..!

❊ ❊ ❊

❈ ❈ ❈

हसरतों के हौसले तो आज भी उड़ते हैं,
फर्क इतना बचा कि, ज़मी कभी छोड़ती नहीं हमें..!

❈ ❈ ❈

आ जरा भींग चले, इस बरसात में,
वक्त होगा, इसी बरसात के लिए भी तरसेंगे हम..!

❈ ❈ ❈

फ़ासले मिजाज़ में थे, पर फिर भी तुम पास थे,
मिजाज़ में फैसले आ गए, तुमने तो दूरियाँ ही बना लीं ..!

❈ ❈ ❈

किसने कहा कि, शौक–ऐ–ख्वाहिशें, रियासत पूरी करती है,
ग़र–मिजाज़ ऐ मोहब्बत बने तो सही..!

❈ ❈ ❈

चर्चे तेरे जीत के खो गए हमारे पन्नों में,
काश कि, तुमने भी कोई विवाद किया होता..!

❈ ❈ ❈

❋ ❋ ❋

सारे दरख़्त आपके हुजूर,
एक की इल्तज़ा तो रहन दे, मेरे हिस्से..!

❋ ❋ ❋

ज़माना-ए-तमाशा है जरा दूर,
अभी ज़रा अपनों को हँसा लिया जाए..!

❋ ❋ ❋

जरा चूम तो लूँ, मादरेवतन,
शिद्दत् से गयी थी, इंसानियत को देखने..!

❋ ❋ ❋

नन्हीं उँगलियों को बेजा मत समझना, जरा पास तो आ,
तसल्ली से बैठ तो सही, एक सुर सुनाती हूँ, तुझे..!

❋ ❋ ❋

कच्ची उमर की महक से, ग़जरे आज भी मदमाते हैं,
ग़र झुर्रियों ने तो हमें बुढ़ापे में भी, यूँ ही बहका रखा है..!

❋ ❋ ❋

❄❄❄

ज़मीर बाकी था, कन्धा देने के वास्ते,
जरा चिता भी देख लूँ, नमाज-ऐ-इन्सानियत की,
अजान हो चली..!

❄❄❄

तेरी शहादत में मन्दिरों ने भी मातम पसरा लिया,
मौत भी, तेरे अपने अन्दाज-ऐ-शान से आयी, ऐ फैयाज..!

❄❄❄

चन्द ईंटों ने रोक रखा है, मेरे सपनों के उड़ानों को,
जरा दीवार तो गिराओ, हौसलों से दो हाथ तो करने दो..!

❄❄❄

खाकी में हूँ, सियासत..! आँखें भले ही भींगी हो,
जरा सियासत से हटकर तो आ, हिसाब बराबर करते हैं..!

❄❄❄

दो निवाले इतने भारी होंगे, सोचा न था,
जीने की लड़ाई लगता है, अभी से ही शुरू हो गयी..!

❄❄❄

❊ ❊ ❊

पाकीजा-ऐ-हुस्न को भले ही छुपा लो, परदों में,
ये नकाब़ भी, आतिश-ऐ-हुस्न से फ़रेब नहीं करता..!

❊ ❊ ❊

एक समन्दर तो मैंने भी छिपा रखा है, अपने पलकों के नीचे,
ये जो समन्दर दीखता है न, बड़ा शोर करता है..!

❊ ❊ ❊

ताउम्र निहारती रही, घर के दहलीज से,
कदम जो उठे मेरे, दरवाजे बन्द पड़े थे..!

❊ ❊ ❊

चलो, ज़रा आसमाँ ढूँढते हैं,
कहीं गुलमोहर की ओट में छिपा तो नही..!

❊ ❊ ❊

मेरे हथौड़े की चोट से पत्थर भी टूटते हैं,
एक तुम हो कि, पिघलते भी नहीं, साहब..!

❊ ❊ ❊

❄❄❄

श्वेत स्याह–पन्नों को लिखा तो था, जिन्दगी के लिए,
हाथ लहू में डूबे दीखे, बस जिन्दगी को छुआ ही तो था..!

❄❄❄

दिल और दिमाग की तवज्जो ने बचा रखा है, अबतक,
वरना एक चूक हुई नहीं कि, खेल खत्म..!

❄❄❄

किताबों का दरख्त दीखता है, घर के इस कोने में,
न जाने खड़े खड़े ईमान कैसे बिक जाता है, घर के उस कोने में..!

❄❄❄

मोहब्ब्त–ऐ–दरख़्त अफसानों में कहाँ कातिब,
खाली पड़े मेज़ से पूछ, सुकूँ...ऐ दरख़्त तो यही है..!

❄❄❄

❋ ❋ ❋

मुद्दतों से ख़्वाहिश थी, रोशनी-ऐ-शिद्दत की,
चरागाँ मिला भी, तो कतरा-ऐ-रोशनी मयस्सर नहीं..!

❋ ❋ ❋

जा कह दे उनसे, मंजिल मिल गयी हमें,
उनके बताए रास्तों का, अब इन्तेजार नहीं..!

❋ ❋ ❋

गारे की मिट्टी बची होगी, चल घरौंदा बनाते हैं,
ग़र कल ईंट बिकी, खिलौने भी आ जायेंगे..!

❋ ❋ ❋

स्वाद तो बदला, एक टुकड़े से ही,
गर जिन्दगी बदले तो, कोई बात हो..!

❋ ❋ ❋

सियासतें दरकिनार बा मशक्कत रूहें- स्फ़ना,
कशिश गुलजार-ऐ-अदा, तौबा-ऐ-कायदा..!

❋ ❋ ❋

❄❄❄

तेरे कदमों की आहट जरा रुसवा क्या हुए,
देखो न, पत्ते भी मुरझा चले,
जरा लबों की इनायत हो जाये,
इन बेजुबाँ पत्तों की रवानी लौट चले...!

❄❄❄

हर कदम एक आस सी तेरे सहर,
जिन्दगी थोड़ी हर्फ-हर्फ राहे-गुजर,
दीखता नहीं, यह धुंध जरा दूर से,
चाहता ही कौन, मेरी हमसफर..!

❄❄❄

तेरा खारापन मुझमें आ जाये, तो क्या खूब हो,
मीठेपन में ही मैंने, जबरदस्त घुटन देखी है..!

❄❄❄

शुक्र है, हमने सहना सीख लिया है,
वरना कहने की नौबत ही नहीं आती,
खौफ़ खाओ, हमारी फितरतों से,
यहाँ जनाज़ों ने भी इश्तकबाल किया है..!

❄❄❄

❋❋❋

"पद्म" कर-कमल तर स्नेह-मंजूषा धर,
भूषण पग चलै नभ अट्टालिका सा,
"श्री" मत हुए हस्त चपला सा,
एहि बार "भूषण" घर उतराई है..!

❋❋❋

जरा सीने की धड़कन सुना दे मुझे,
जिन धड़कनों ने मेरी धड़कनों से अपनी रवाईयत पायी है..!

❋❋❋

पहले नहीं समझ पाता था,
कि जिंदगी जीने के लिए थोड़ी पागलपंथी भी उतनी ही जरूरी है,
जितनी की साँसें...!!

❋❋❋

बस दो-चार साँस और दे दे,
ऐ जिन्दगी... सुना है, दो में जी लेते हैं,
और चार में जी भर लेते हैं..!!

❋❋❋

❄ ❄ ❄

हिम–सहित गले आये अनल,
चुम्बन की आस राहे–सहर...!

❄ ❄ ❄

ग़र मुझे न देखने दिया इस जहाँ को,
तुम भी तो बेनूर ही रह जाओगे...!

❄ ❄ ❄

प्रेयसी, तुम प्राण हो,
मेरे प्राण के तुम प्राण प्रीतम..!
जब प्राण आलिंगित आतुर हुआ,
तन–प्राण का मधुमास तुम..!
मन कुलांचे बहा समीर जब,
तन रोम–रोम पुलकित खिला,
जब अधरपान भँवरे डोले,
फुलपरास ने घूँघट काढ़ा..!

❄ ❄ ❄

रुआ़ब–ऐ–मुहब्बत, तेरा जश्न बरकरार रहे,
ग़म–ऐ–कलमा सदा ही दरकिनार रहे..!

❄ ❄ ❄

❋❋❋

सज संवर कर, जिन्दगी से बे इंतहा मुहब्बत कर के देखो,
जीने के लिए, कई खूबसूरत बहाने मिल जाएँगे, जीओ तो सही,
खूबसूरती से..!

❋❋❋

गर, धरा साथ दे, तो क्या बात है,
ज़रा, तुम साथ दो, तो और बात है..!
होली की रंगीनियत बेक़सूर रहे..!

❋❋❋

नसीब भी नसीब से,
नसीब जैसे नसीब वालों को ही नसीब होता है..!

❋❋❋

इतने बुरे तो तुम भी नहीं,
जितनी हमारे बारे में सोंच भी लेते हो..!

❋❋❋

❄❄❄

जिन्दगी खूब देख ली, सहेब,
सियासत देखने को गठबन्धन वाला चश्मा लगाया है..!

❄❄❄

काश कि, हम भी कभी खबर बन सके,
ग़र हमने तो ख़बरी को ही ओढ़ रखा है,
सियासत की खबरें मेरे सीने पर छपी है,
कभी तो सियासतदां अपनी खबरें पढ़ने आएँगे..!

❄❄❄

पता नहीं हम जिन्दगी को इतने हिसाब से क्यों जीना चाहते हैं,
ग़र जिन्दगी ना हुई, कन्ट्रोल वाली राशन की दूकान हो गई..!

❄❄❄

तेरी ज़ुल्फों से जिन पनाहों को लिया करता था,
आज उन्हीं ज़ुल्फों ने मेरी हथेलियों पर पनाह मांगी है,
कि, आ भी चल तेरी जिस्म की खुशबुओं ने,
मेरी ही फिज़ा में मदमस्त रवानी को छेड़ा है...!

❄❄❄

❄ ❄ ❄

आजमाइश जरा रौर से, ठौर अभी पँहुचे हैं,
ईश्क की बाख़ूबियत हो, शौक-ऐ-जुनूँ बाकी है..!

❄ ❄ ❄

काँच भी पिघला होता, तेरे दीदार से ही,
ग़र सियासत ने काँच को न थामा होता..!

❄ ❄ ❄

रंगरसिया के रंग पिया अबहूँ न आवत,
तोरे बहाने मोहे रंग गयो रसिया..!

❄ ❄ ❄

माँ गौरा ने जीवन से "भाव" किया,
शिव-गौरा ने सृष्टि को "प्रभाव" दिया..!

❄ ❄ ❄

दो पलों को चुरा लें, मशरूफ़ियत सुकूँ सी,
मशक्कत काफ़ी रही, दीवारों से महरुमीयत को..!

❄ ❄ ❄

❄❄❄

तेरी रंगीनियत से अलग भी एक ख्वाब है मेरे,
स्याह किरदार भी, तुझसे ही ईश्क करता है..!

❄❄❄

रंग बेनूर हुए,
तेरे रंगों की आहट से..!

❄❄❄

तू गायब क्या हुई, पत्रों के सारे अहसास ही चले गए,
तेरे होने से एक छुअन थी, दो लफ़्जों से अब समझ लेते हैं..!

❄❄❄

तुम रुको, मैं बढ़ता हूँ,
तुम्हारे लिए एक आशियाँ जो बनाना है..!

❄❄❄

रिश्ते बडे ठूँठ से लगते हैं,
पास आकर जड़ों में देख, आँखे भींग जाएँगी..!

❄❄❄

❊❊❊

तनिक ठहरो,
हम भी अपने "ताज" को लिए, चल रहे हैं,
किस्से केवल ताज के ही नहीं,
किस्सा-ऐ-ईश्क़ भी तो हो..!

❊❊❊

सुकूँ मुख़्तसर तेरे दर-ऐ-हसीं..,
गर पीना जरूरी तो नहीं,
तेरी ईश्कियत जब मुफ़ीद हो..!

❊❊❊

अपनी बारात में गर एक चाँद की तमन्ना थी,
तुमने तो सितारों की ही बरसात कर दी..!

❊❊❊

तुम शीतल सी बयार,
बन उतरी मेरे जीवन में..!
स्नेह-स्पन्दन से भींगो कर,
ड्रबो गयी तन-मन को...!!

❊❊❊

❊ ❊ ❊

ईश्क़ की मशरूफियत भी रुआब-ऐ-दीदार,
लबों पर इश्कियाँ भी लबरेज़ हुए होते हैं..!

❊ ❊ ❊

तेरे जन्म के पहले भी, मैंने ही तेरा भार उठाया था,
तेरे जन्म के बाद भी, तेरे लिए ही भार उठा रही हूँ..!

❊ ❊ ❊

जिम्मेदारियों ने यह खींचना भी सीखा दिया,
जिस लाडली को गुड्डों के खिलौने भी भारी लगते थे..!

❊ ❊ ❊

ज़िन्दगी के गोल-चक्करों में अभी भी उलझा हूँ,
परिवार ने इसी में अपनी सहूलियत बना ली..!

❊ ❊ ❊